自己成長なくして、地域再生なし

# まちで闘う方法論

木下 斉

学芸出版社

## はじめに

　1998年、私は16歳の時に早稲田商店会による地域活性化活動に参加しました。
　その時に「地域活性化」なるものに参加していると標榜する早稲田の学生は、私を入れても数人しかいませんでした。高校生なんて皆無。しかし現在は、実に驚くほど多くの10代、20代の若者たちが、全国各地の地域活性化に関わるようになっています。
　本書は、地域で新たに挑戦する方々に向けて書いた本です。
　私が地域活性化に取り組み始めた頃は、成功事例や地域政策に関する解説本はありました。しかし、地域活性化に取り組んでいる人が、どう活動を企画し、どう問題と向き合い、どう事業を作って飯をくっているのか、といったような情報は全くありませんでした。
　そのため常に試行錯誤してきました。まち会社の経営に失敗したり、成功事例と持て囃されて浮かれたり、取り組みが補助金漬けになって衰退したり、と数多くの失敗を繰り返しました。
　これまでを振り返り、18年前の自分に何を伝えるかを考えました。それは下記の3つです。
① どのような考え方を持って、地域で取り組めばよいか。
② どのような活動や事業を経験していけばよいか。
③ どのような技術を習得すればよいか。
　これに従い、本書は「思考」「実践」「技術」という3つのフレームワークに沿った構成になっています。成果を上げた事例だけでなく、失敗した事例も紹介しました。また、推薦図書も多く紹介しています。
　全体に一貫しているのは、地域活性化とは「稼ぐこと」であり、地域活性化を牽引する人材というのは「地域を稼げるようにできる人材」であるということです。

一方で、そのような地域で「稼ぎ」を作り出す取り組みは、残念ながら未だ地域活性化のスタンダードからはかけ離れています。地域活性化を謳う取り組みのほとんどは税金を使い、地域に良さそうな非効率なことを繰り返し、誰も責任を持たない。結果、今も地域は衰退をしています。

　江戸時代の後期、人口縮小で悩む北関東から東北などの600にも上る農村の経済と財政を再生した、二宮尊徳が残した言葉に「道徳なき経済は犯罪であり、経済なき道徳は寝言である」というものがあります。まさしく、現代の地域活性化にも必要なことです。我々は正しい道徳心を持ちつつ、併せて厳しい経済とも向き合って実践をしなくてはなりません。

　しかし、地域で「稼ぐ」新たな事業を立ち上げる時には、時に地域の一部から反発を受けたり、仲間から裏切られることも出てきます。しかし、それでも自ら身銭を切って投資し、事業を通じて成果を上げなくてはならない、闘うべき時があります。

　闘うとは別にまちの人と闘うということではなく、ある時は過去の常識と闘い、ある時は法律制度と闘い、ある時は既存組織の壁と闘い、ある時は事業と闘い、そして、常に心が折れそうになる自分と闘うことを指しています。

　日々の闘いで折れず、自分を成長させながら、地域での取り組みを広げていく、着実な一歩一歩の積み上げは裏切りません。逆に言えば、そのように日々の積み上げによる自分の成長なくして、地域の再生などは不可能であると思っています。

　だからこそ、適切な「まちで闘う方法論」が必要なのです。

　一介の高校生がまちに飛び込み、地域での活動で奮闘し、そして事業に挑戦しながらも失敗し、それでも再び挑戦をする。そんな18年間のプロセスが、多少でも皆様のお役に立てば幸いです。

# 目次

はじめに ............................................................................................................. 3

## 第1章　思考編 ............................................................................................ 9

自分の中に常にもう一人の自分をおいて考える
「自分－仲間－その他」の相互関係で考える

### 1 │ 自分で始める時に必要な思考 ........................................................... 12

1. 受け身にならない。常に対案を作る ................................................................ 12
　　提案する癖を身につける／思考の軸を作って意見を整理し、提案する／ひとまず提案してみる
2. みんなではなく、自分がどうしたいのか ........................................................ 17
　　「聞き上手」になりすぎていないか？／まちで稼ぐ学生たち
3. 準備病から脱却し、まずはやってみる ............................................................ 20
　　動き出すと、わかることが一気に増える／3年周期で新しい分野に挑戦する
4. 「悩むこと」と「考えること」は違う ............................................................ 23
　　問題が発生した時には、一歩引いて、クールに考える／
　　考えているのか、悩んでいるのかを自覚する／客観的な「正論」から意思決定する

### 2 │ グループで取り組む時に必要な思考 ............................................... 27

1. 「自分たちでやる」から、「人に任せる」へ ................................................... 27
　　規模によってやり方を変えていく／自分のモノサシを捨てる／人の入れ替えを定期的に行う
2. 説得ではなく、結果で見せる ............................................................................ 33
　　やってみなければ、誰もわからない／論より証拠。結果が一番の代弁者／
　　案の段階で潰し合いをせず、結果で競う
3. 「ないもの」で諦めず「あるもの」で勝負する .............................................. 38
　　「予算がない」は「知恵がない」／あるものでやれることを考える

### 3 │ 革新的な事業に地域で取り組む時に必要な思考 ......................... 42

1. いい人になることは二の次 ................................................................................ 42
　　批判されるのは良いこと／最初は理解されなくて当たり前／小さな成果を一刻も早く出す／
　　「安定への甘え」と「メンバー間の隔たり」に注意
2. 再挑戦こそ本当の挑戦 ........................................................................................ 50
　　挫折こそが大いなるチャンス／二度と地域に関わるものか！と思うのは普通のこと／
　　反省を活かして再挑戦する

**3. 稼ぐことと向き合う** ･･････････････････････････････････････････････････････････････････ 55
　地域で「稼ぐ仕組み」を生み出す／本当に必要なものは必ず事業になる／
　目の前にいる人にとって価値があることをやろう

# 第2章　実践編　　　　　　　　　　　　　　　　　　　　　　　59

## 1 | 成長プロセスのイメージ　　　　　　　　　　　 60

## 2 | 成長プロセスの基本ステップ　　　　　　　　　 62

## 3 | ステップ別解説　　　　　　　　　　　　　　　 66

### STEP 1. 単発活動メンバー：自分のウリを持って取り組みに貢献しよう ･･････････ 66
● 木下の体験談
①ＩＴスキルで貢献　②リアルな接点をつくることで貢献　③公園建設に人手で貢献

○ 挑戦してみよう
①まちの掃除企画　②イベントのスタッフ

### STEP 2. 単発活動マネジャー：面白い企画を立てて参加者を率いよう ･･･････････ 73
● 木下の体験談
①都立農芸高校等と連携した商店街での商品販売　②商店街IT教室

○ 挑戦してみよう
①トークや音楽系ライブイベント　②遊休不動産を活用したイベント　③DIYワークショップ

### STEP 3. 継続活動メンバー：自己管理しながら要領よく動こう ････････････････ 79
● 木下の体験談
①大豆トラストmy豆腐作戦　②生ごみマイレージ

○ 挑戦してみよう
①地域情報を発信する活動　②全国的な活動の輪に加わる　③「勉強会＋実践」のセットで取り組む

### STEP 4. 継続活動マネジャー：変化にも対応できる継続力を養おう ･･･････････ 86
　計画を常に修正し続ける／継続することを目的にしない
● 木下の体験談
①メーリングリスト/WEB管理運営 re-net　②破壊され、赤字になったリサイクルマシーン

○ 挑戦してみよう
①地域体験企画の運営　②営業先回りの地域ブランディング　③公民連携による社会実験

### STEP 5. 単発事業メンバー：稼ぐための営業力を身につけよう ········ 94
● 木下の体験談
①大玉村の米販売　②リサイクルデザインコンテスト

○ 挑戦してみよう
①商品販売／サービス提供企画　②有料スクールやセミナーの開催

### STEP 6. 単発事業マネジャー：複数事業を展開し、新たな事業モデルを創り出そう ···· 103
２つの視点／事業ポートフォリオを時間軸で考える／新しいビジネスモデルを生み出す
● 木下の体験談
①商店街間の流通販売事業（自主事業）　②ストリート広告（受託事業→自主事業）

○ 挑戦してみよう
①リノベーション事業　②期間限定の産直販売事業

### STEP 7. 継続事業メンバー：事業の連鎖を生み、構造問題の解決を図ろう ······ 115
構造問題を解決し、早く事業を立ち上げる／細かな分業はせず、共同作業が可能な環境を維持する／
営業活動は常に継続する／プロジェクトの連鎖を生み出す
● 木下の体験談
①修学旅行生視察向けの販売体験プログラム　②震災疎開パッケージ

○ 挑戦してみよう
①営業先回り商品開発　②定期マーケット事業

### STEP 8. 継続事業マネジャー：事業手法を体系化し、外とのネットワークを広げよう ···· 129
自分のスタイルを確立する／外部とのネットワークを広げる／
メンバーとの情報ギャップを埋める／権限移譲を行う／事業内容を整理し体系化する
● 木下の体験談
①エリア・ファシリティ・マネジメント　②コワーキング／シェアオフィス／レクチャールーム運営

○ 挑戦してみよう
①公共資産利活用事業　②公民連携開発事業

## 第3章　技術編 ································ 145

### 1 │ 基本的な技術を身につける ················ 146

### 2 │ 情報力　情報を集め、検証する ············ 148
リアルで気づき、ネットで調べて、現場に反映／小さな疑問から、連鎖的に情報を収集していく

## 3 情報力 複眼的に分析する ……… 153
問題の「全体像」をつかむ／事実に基づき、数字と向き合う

## 4 論理力 因果関係を整理する ……… 163
「原因」は自ら発見しなければならない／因果関係の基本法則／
構造問題を解決するロジカル・シンキング

## 5 論理力 複数の要素を構造化する ……… 172
ツリーにして整理する／フローチャートで整理する

## 6 構想力 自分のビジョンを描く ……… 179
個人の構想力が試される／曖昧な合意形成がもたらすもの／
構想力に必要なのは「主観的な夢」／共感されるビジョンとは

## 7 構想力 絞った戦略を立てる ……… 186
戦略─溝を埋めるシナリオ／積み上げ型戦略立案：小さな仮説→改善で目標に近づける／
逆算型戦略立案：現在地から目標に近づくシナリオ

## 8 実現力 プロジェクトを効率的に管理する ……… 192
「タスク」「分担」「期限」を決める／時には嫌われる役回りも必要

## 9 実現力 やる気を引き出し、良い結果を導く ……… 199
モチベーションを高めることも技術／「報・連・相」は細切れ時間と自動化で対応する／
ネット活用で円滑なプロジェクト・マネジメントを／チームの共有時間をしっかり取る

## 10 組織力 みんなで取り組むからこそ失敗する ……… 206
みんなで「正確に」話すことは難しい／みんなで決めると間違える／
集団浅慮に気をつけろ／マネジメントの責任はどこにあるか

## 11 営業力 対象を絞り逆算で開発する ……… 218
地方にはピンホール・マーケティングが効く／絞り込むこと、組み合わせることが重要

## 12 数字力 経営に関わる数字を見分ける ……… 223
損益計算の基本／地域で必要な会計の基礎知識／投資回収を意識した事業計画を組み立てる

**おわりに** ……… 231

# 第 1 章

## 思考編
-MINDSET-

## ☑ 自分の中にもう一人の自分をおいて考える

　地域活性化に取り組む上で、思考は大切です。

　まちに入り込んでいく過程では、極めて多くの人たちと接触して物事を進めていくことになります。企業経営と異なるのは、事業に直接関わらない人たちが、様々な関与をしてくる点です。特段その活性化事業に関わらない人たちであっても、その地域に住んでいたり、働いたりしていれば、様々な意見を投げかけてきます。事業で何のリスクも負わず、特段、影響を受けない人であっても、クレームを入れてくる場合があります。

　そのような、事業範囲を超えて関与してくる様々な地域の人たちを相手に、強かにコミュニケーションを行わなくてはなりません。それが、地域活性化に取り組む人材に求められる要素の一つです。

　それでは、どのように向き合うのが良いのでしょうか。そもそもすべての人たちの意見を聞き、すべての人が満足するレベルで意見を汲みとろうとすると、莫大な時間をかけなくてはなりません。しかし、衰退している地域にはそのような時間の猶予はありませんし、他に挑戦をしなくてはならないことも出てきます。ベストではなくとも、ベターな選択肢を常に見つけだし、行動につなげなくてはなりません。その時に、真摯に説明をしたとしても、様々な罵声を浴びせかけられることもあると思います。基本的に、取り組む事業が地域において前例がなければ、大きな反発を招くことになります。

　また、信頼する仲間に裏切られたり、尊敬する人からの思いがけない一言に心が折れることもあるでしょう。かくいう私も高校時代から数えて18年間、活動として、事業として、研究として、様々な立場で地域に携わってきました。その中で、思うように成果が出ず、不安に苛まれたことも多くあります。悔しくて涙が止まらない経験もあり

ます。そして、今でも忘れられないほど傷つく言葉を言われたことも多々あります。読者の方も、恐らくそのような経験が一度や二度はあるのではないでしょうか。

しかし、そこで諦めてしまったら、それまでです。

重要なのは、他者から悪口を言われないように、あるいは良い評価を得るために、ひたすら他者の意見を聞くことでも、はたまた無視することでもありません。自分の取り組みを客観的に見つめつつ、必要な時には周囲との円滑なコミュニケーションを図りながら、一方では、周りから何を言われても、やらなくてはならないことは断固進めるというメリハリをつけることが大切です。

一喜一憂して反応を変えたり、信念なしに迎合するのでは、様々な人が関わる地域で取り組みを進めることはできません。そのためにも、自分の中に常にもう一人の自分を持ち、主観的な反応をしすぎないことが大切です。他人の意見を無視するわけではなく、かといって聞きすぎない。伝える時もドライになりすぎず、時には熱意をもって伝える。そのような静と動を兼ね備えたマインドを持つ必要があります。

## ☑ 「自分-仲間-その他」の相互関係で考える

地域の取り組みで生じる問題は、「自分自身によるもの」「自分と仲間との間に発生するもの」「自分を含む仲間とその他の人たちとの間に発生するもの」の3つに大別できます。

本章では、この3つのカテゴリを念頭に、自分個人、グループ、そして地域社会全体に与える段階に分けて、その時に現れる問題を乗り切り、成長していくための考え方を解説します。

# 1　自分で始める時に必要な思考

### ① 受け身にならない。常に対案を作る

「自分は参加者ではなく主体者である」という認識を持たずに、成長することはできない。立場に関わらず「自分だったらどうする」という意識を常に持って活動に参加し、自らプロジェクトを提案することで、初めて主体者として振るまえるようになる。

## ☑ 提案する癖を身につける

　与えられたものに対して意見する側の人間と、根本となるコンセプトを提案する側の人間とでは、全く違うレベルの能力が求められます。コンセプトを与えられてきた人が、いきなりゼロベースからコンセプトを提案する側に回るのは容易ではありません。

　例えば、一人のメンバーとしての立場で地域活動に取り組んでいる時には、マネジャーが決めた大方針に従って活動をしている場合が多々あります。

　しかし、人の方針に従う状況に慣れてしまうと、いつの間にか思考面でも誰かの提案に対して自分なりの別の意見を出すことができなくなるのです。この罠にはまると、いつまでも自力で新たな企画を立てることができなくなってしまい、苦労します。チームとしてもメンバー vs マネジャーのような対立構造ができ、プロジェクトもうまくいかなくなります。

　マネジャーが提案するコンセプトをもとに「自分ならこうする」「自

分ならこう考える」という対案を出したり、場合によってはコンセプト自体を作り替え、より論理的で合理性を伴う提案をする努力をすることが大切です。

　私自身も地域活動に取り組み始めた初期に携わっていた早稲田商店会での取り組みで批判的な意見を出すと、「木下だったらどうするんだ？」と常に聞き返されました。そこで、意見する際には自分なりの考えを示すように鍛えられました。違和感を感じたら、どうすれば違和感がなくなるのかと考えるようになりました。とはいえ、最初は優れた対案を考え出すことはやはり難しく、駄目だしをされることが多々ありました。

　また、そこで「それぞれの意見がある」とか「ケースバイケース」といった中立的な発言で逃げるのはよくありません。単にチーム内でウケのいい人になっていては、プロジェクトを効果的に進めることはできないからです。批判的でもないし、中立的でもない立場から、改善案や、根本から練り直した代替案を積極的に提案することを、一人のメンバーとして地域活動に関わる段階から意識する必要があります。常に提案する癖を身につけることは、今後活動を続ける上で大きな基礎となります。

## ☑ 思考の軸を作って意見を整理し、提案する

　自分なりの提案を出す上では、今議論されていることがどのような軸の上で整理できるのかを「枠組み」で整理するのが効果的です。

　例えば、地域で空いている空間を利活用する事業を考える時に、時間貸しのレンタルスペースにする、複数人で入居するシェアハウスにするなど色々なアイデアが出てきます。しかし、一つ一つ思いつきでアイデアを出しても話が散漫になるだけです。

　例えば、空き空間活用を「時間軸」と「物理軸」という２つの属性

の抽象的な軸で整理してみると見え方が変わってきます。つまり、それぞれの意見を別々に検討するのではなく、それぞれがどういう軸に沿って提案されているのか整理をすることで、より多角的な視点から議論を深めることができます。

　ひとまず最初は、それぞれの軸で考えてみます。

　空間を時間軸でみれば、時間貸しのレンタルスペースとは時間を数時間単位に分割して貸し出す話として整理できます。1週間単位、1ヶ月単位もあり得るでしょう。期間限定（ポップアップ）店舗もこの時間軸で使い方を変えたものと言えます。

　一方、物理軸でみれば、空間を1人で100％使う場合もあれば、2人で50％ずつ使うことも可能です。例えばシェアハウスは空間を分割して貸し出すサービスです。

　ところで、軸には「時間軸」と「物理軸」の2つしかないのでしょうか。もう一つ新しい軸を提案できないか、考えてみましょう。

　例えば「機能軸」が考えられます。レンタルスペースであれば、ただ単に時間で貸し出すだけでなく、調理機材を入れることで個々人が投資しなくても簡単に店舗として活用することが可能になります。そうすることで、時間軸以外の価値を提供できます。また、シェアハウスの場合でも、自転車好きが集まるシェアハウスとして自転車の保管所やメンテナンス機材を共用部に設けることで違いを生み出し、特別な価値につなぐことができます。

　まちで空間を利活用する際にも、時間軸、物理軸以外に機能軸もあると考えれば、提案可能な事業、選択可能な内容は一気に広がります。

　このように新たな軸を設けることで、新しい付加価値を考え出すことができます。その結果、取り組みとして新しい利用者層の開拓につながり、事業としても売上を上げられる可能性が出てきます。

　様々な意見を出された時に一定の軸で整理した上で、さらに自分な

りに新たな軸を提案して一気に議論のレベルを引き上げていくことができるようになれば、プロジェクトへの貢献度は格段に高まります。

みんなの議論を聞くときは、その議論を俯瞰し、自分なりに整理を行い、みんなが気づいていない新たな考え方を提案し、プロジェクトに広がりを作る。このような思考が、地域に関わる上では重要です。

## ☑ ひとまず提案してみる

企画提案で重要なのは、まず自分の考えをぶつけてみることです。

大人になると「そんなことできるわけないだろう」と否定されたくないために防御的な提案に縮こまりがちです。しかし、誰もが言いそうなありきたりな提案ばかりでは、結局のところ従来と何ら変わらず、打算的なプロジェクトになりかねません。

自分一人では達成できないことで、その時点ではチームで実現できそうにないことでも、思い切って口に出してみたら思わぬ人が協力してくれて実現することもあります。

私はそんな経験を高校2年の時にしました。私の通っていた高校で首都圏の高校生徒会のメンバーが集って討論会をやることになっていました。ちょうどその時期、沖縄基地問題が再燃していたため、討論テーマとして沖縄基地問題を取り扱うという話を、実行委員会メンバーが会議をしている席で聞きました。私は委員会メンバーではなかったのですが、勝手に割って入って「沖縄の話を、首都圏の高校生だけでするのはおかしい。例えば、沖縄とテレビ会議でつないで向こうの高校生たちの意見も聞いたほうがいいのでは」と提案してしまったのが運の尽き、「だったら木下がやれ」という話になりました。

特に当てがあったわけでもありませんが、この企画を簡単にペーパーにまとめ、それを何人かに見せて回っていたところ、NTT東日本の部長を紹介してもらえることになり、企画提案をする機会を得まし

た。今思えばめちゃくちゃな企画で、「回線や機材を無償で貸してほしい。しかもISDN回線1本では弱いので、6本束ねて貸してほしい。機材も手配してほしい」という厚かましいものでした。

最初は訝しげだった部長も、何度か訪ねるうちに協賛してくれることになりました。東京側は早稲田大学の施設を使えることになりましたが、沖縄側の設備が用意できない。討論会が休日の開催だったため、様々なセンターが休みで機材を借りることができなかったのです。そんな時に早稲田商店会の活動でお世話になっていた琉球大学の先生にメールをしたところ、地元のNTTのメディアセンターの所長さんと掛け合ってくれ、所長さん自らが休日出勤してくださり、何とか実現に漕ぎつけました。この試みは新聞各紙にも大きく取り上げてもらい、協賛企業も満足してくれました。

ほんの小さな出来事ですが、この経験を通して最初から無理だと決めつけることなく、自分なりの思いつきを、ダメ元で、たとえ求められていなくとも提案してみることの大切さを学びました。

> 📖 **高根正昭『創造の方法学』講談社現代新書 1979**
> 物事を論理的に考える上では「因果関係を理解」することが大切だ。しかしながら、因果関係は基本的な内容にも関わらず、誤認されやすいもので、ちゃんと因果関係成立の要件などを理解しなくてはならない。本書は論理的思考を支えるための基礎を解説したもの。ロジカルシンキングが苦手だという人でも読める一冊。

> 📖 **ちきりん『自分のアタマで考えよう』ダイヤモンド社 2011**
> 世の中には「常識」と言われることが沢山ある。しかし、それがうまくいかなくなった時、その解決策は自分の頭で考えて作り出すしかない。「当たり前」に流されず、なぜそうなのか、常に考える習慣をつけることが大切だとわかる一冊。

第1章 思考編

## ② みんなではなく、自分がどうしたいのか

地域の企画に関わる上で、「みんながどうしたいか」に結論を求めるだけでは、問題解決にはつながらない。「みんなもどうしたらよいかわからない」「言い出しっぺになりたくない」ということは少なからずあるが、だからこそ、みんながみんなの意見を待っている中、自分が一歩を踏み出さなくてはならない。

### ☑ 「聞き上手」になりすぎていないか？

　最近の地域での取り組みに関わる方々に多いのが「人の話を聞きすぎる問題」です。

　いろいろな人の意見を聞くことはもちろん悪いことではありませんが、人の意見を聞くことばかりに注力している人がしばしば見受けられます。「みんなの意見をうまくまとめれば解決につながる」と信じて、ファシリテーションなるものにハマってしまっている人もいます。しかし、みんなが互いに誰かの意見を期待していては話は進みません。そして、自分が主催者であれば、誰よりも「こうしたい」という考え方を持っておく必要があります。主催者に自分なりの考えがなければ、話し合いをうまくナビゲートできませんし、内容が充実することもありません。

　なんでも「みんなが」「みんなは」とみんなのことばかり気にすることを、私たちのまわりでは「みんな病」と呼んでいます。「みんなでやろう！」「みんなでがんばろう！」では、結局のところ誰も自ら動こうとしません。

　まちの取り組みをスタートする上で重要なことは、まず「自分がど

うしたいのか」を考えることです。そこと向き合わないと、問題点が見えてきません。

　自分自身が「やりたい」「やるべき」と考えるからこそ、多少の困難があっても乗り越えることができます。「みんなという誰か」が必要だということを、「みんなという誰か」で決めたことをやっているだけでは、困難を乗り越えるやる気は出てきません。

　私自身、自分が取り組むプロジェクトの最初の打ち合わせには自分なりのたたき台を用意するようにしています。それを習慣にすると、事前に自分の意見を深めて打ち合わせに臨むことができます。

## ☑ まちで稼ぐ学生たち

　私が代表を務めているエリア・イノベーション・アライアンス（AIA）では、2013年から北九州市立大学において学生向けの「地域起業型インターンシッププログラム」という実習講義を提供しています。北九州市小倉地区において、学生が自分たちで事業企画を考え、まちでその企画を自力で実践して稼ぐところまでを行い、地域に新たな経済価値を生み出します。地域の問題を解決し、さらにその企画自体で採算を合わせて次の取り組みのための利益も残す、その難しさと楽しさを「習うより慣れろ」というプログラムです。

　このプログラムは2〜5人程度の少人数チームで取り組むため、みんなの意見にフリーライドすることはできません。「自分はどうしたいのか」を考えるところからすべてが始まります。

　例えば、中心部で使われていなかった空き地の利活用を考えた学生は、そこでマーケットを企画しました。また、客の入りが少ないカフェの経営を改善できないか、もっと様々なサービス産業をまちに集積すべきではないかと考えた学生は、カフェで女性向けの美容講座を運営し、商品販売も行う複合事業を実施しました。一つの問題意識に

限定せずに、自分たちが考えたいくつもの問題意識を一つの企画でしっかりビジネスにしながら解決していくわけです。

経済性を確保しつつまちに新たな変化を生み出すことを目指すため、結果として責任まで学生たちが負うことになりますが、これが大切です。「儲かれば自分たちの取り分、失敗したら自分たちで返す」が基本ルールです。それが真剣に企画内容を考える姿勢につながっています。

しかも、この取り組みはわずか2ヶ月の間に計画から実行、成果報告までを行います。長期間の会議や合意形成もありませんが、自分の考えたことを実現しようと覚悟を決めて熱心に取り組む学生たちの姿勢をみて、地域の人たちも協力を惜しまず、北九州市小倉地区のまちづくり活動として機能し始めています。

自分で考え、自分で仕掛け、事業の成果を生み出していく。そのプロセスの中で、地域の様々な人を巻き込んでいけば、経験や知識が不十分でも、できることは増えていきます。

一歩を踏み出すつもりもないのに、単に「みんな」に答えを求めるのは、自分自身が特段やりたくないと思っていることの表れです。「みんな」の前に「自分」が何をしたいのか、これを徹底的に考えぬく。その主体性のある考えにこそ、みんなが共感し、協力してくれるのです。まずは自分と向き合って考え、それをみんなに提案していくことが大切です。

### 📖 スーザン・ケイン『内向型人間の時代』講談社 2013

最近では何かとプレゼンテーションの上手な人が評価され、ワークショップやファシリテーションなどのコミュニケーション中心の手法が注目を集めている。その一方でまわりに流されず、自ら落ち着いて考えることも大切だ。適切な内向性は、まちを変えるために行動する人に求められる能力の一つ。その大切さがわかる一冊。

## ③ 準備病から脱却し、まずはやってみる

> いつまでも準備をするばかりで実践しなければ、成長は見込めない。実践するからこそ得られる情報があり、その情報と機会を活かして成長していくからこそ、自分のキャパシティを拡大していける。そうして仕掛けられる取り組み自体も広げていかなくてはならない。

### ☑ 動き出すと、わかることが一気に増える

　地域で企画を推進する時に、多くの人が陥るのが「準備のしすぎ」です。

　調査をし、計画を立て、それを多くの人に見せて意見をもらい、さらに計画を見なおす。そんなことを延々と繰り返し、準備を用意周到にする人をよく見かけます。計画を見なおしている中で自分に足りない能力があれば、今度は様々な勉強会に出てみたり、資格試験を目指してみたりと、いつまでたっても実行に移さない人もいます。そんなことをしている間にも、地域は衰退し、自分自身も年を取ってますます挑戦しにくくなってしまいます。

　「時間」と「機会」は無限にあるものではありません。現実は「その時」「その場所で」動き出すのが得策であることばかりです。地域での取り組みの多くは、数千億円の資金調達が必要になるような大事業ではないはずです。ですから、「ひとまずやってみよう」と考えられるかどうかがその後を大きく左右します。

　そもそも何もしていない段階で「完璧な企画」を立てることは不可能です。やってもいない取り組みに、みんなが「絶対にいける」なん

て言ってくれることはまずありません。そんなことを目指せば、終わりなき準備スパイラルに陥ってしまいます。

　それに、実践する前に得られる情報には限りがあります。すべてを予測することもできないので、いくら準備しようと思っても、手元にある情報だけでは到底見通しが立たないことばかりです。本当に成果をあげるために必要な情報は、まずは自分が動いてみないと集まりません。

　実践してみると予測できなかった様々な事態が発生し、そこから学ぶことが数多くあります。これが大変有益で、それらの問題をクリアしていく過程で、新しい発想を得たり、多くの人と出会う機会が増えネットワークが拡大していったりと、実践する前とは全く違う世界観を持つことができます。さらに、自分で動き始めると、まわりからも様々な情報がもたらされるようになっていきます。「そういえば、彼は○○のようなことを本気でやっているから一緒にするといいんじゃない？」といったような紹介も増えますし、「このあいだ会ったあの人が、君の商品を売りたいと言っていたよ」と準備段階では予想もしなかった販路が開拓されることもあります。

　このように、実践前に得られる情報と実践後に得られる情報との間には、質・量ともに圧倒的な差があります。一度動き出せば、情報の質はどんどん向上し、量も拡大していくため、自ら企画し、実行できるプロジェクトの内容は乗数的に充実していきます。質が2倍向上し、量が2倍拡大すれば、プロジェクトの内容は $2 \times 2 = 4$ 倍です。さらにこの4倍をもとに、翌年以降8倍、16倍と拡がれば、自ら仕掛ける地域でのプロジェクトも自ずと変わっていくことになるでしょう。

## ☑　3年周期で新しい分野に挑戦する

　実践を始め、一定の基盤ができるとそれを守る方に注力してしまい、次の事業の準備をしている素振りをみせて一向に始めない、というサ

イクルにはまり込んでしまうことがあります。経験を重ねていく中で自分の得意な勝ちパターンができてくるのですが、それをあえて崩すことが大切です。

　私自身も、3年の周期で新しい分野に、飛び込んでみることにしています。

　私は2011年から、それまで未知の領域だった建築・不動産の視点からまちを再生させる事業に取り組みました。経済産業省のあるシンポジウムで、株式会社アフタヌーンソサエティの清水義次さんと一緒に登壇したのをきっかけに、不動産としてまちを見るというテーマに関心を持つようになりました。当時、清水さんは神田駅周辺の遊休不動産を借り上げてリノベーションし、複数の事業者にシェアオフィスとして提供されていました。物件を再生してエリアそのものをリブランディングしていくのです。当時の私は、全国各地に遊休不動産が山ほどあることを自身の取り組みのなかでも実感していたものの、不動産事業には知見が全くなく、さらに建築の分野についても無知でした。

　それ以降、北九州市でスタートしたリノベーションまちづくりに関わったり、既存建築物活用に取り組む建築家や不動産オーナーたちと知り合いになることで、徐々にそれらの方法論が見えてくるようになりました。その後、札幌市大宇地区や愛知県春日井市勝川などで、まちづくり会社などと協力しながら、不動産開発事業を行っています。

---

📖 **マイケル・E・ガーバー『はじめの一歩を踏み出そう』世界文化社 2003**

　勉強する割に、なかなか一歩を踏み出せない人も多いが、まずは一歩を踏み出さないと何も始まらない。成功するから始めるのではなく、始めるからこそ成功を納められる。考えながら軌道修正しつつ進めていくことが何より大切だということを教えてくれる一冊。

第1章 思考編

## ④ 「悩むこと」と「考えること」は違う

> 悩み続ける人は、地域の課題解決に取り組むことはできない。プロジェクトが前に進まない原因のひとつは、課題を整理し、きちんと向き合って解決しようとしないこと。「失敗しないように」「平穏に」ことを進めなくてはならないという後ろ向きの制約を自分に課すことで、考えているつもりがいつのまにか悩んでいるだけに陥ってしまう。悩むことと考えることを明確に分けなくては、ここから抜け出すことはできない。

### ☑ 問題が発生した時には、一歩引いて、クールに考える

　地域での活動を開始する頃には、誰もが自分の能力不足によって生じる問題を日々経験しながら取り組んでいます。たとえ、問題が起きたとしても、それを悲観したり、過度に無力感に苛まれる必要はありません。

　むしろ問題に翻弄されてしまうと、さらにその問題が拡大するばかりか、本来のプロジェクトの進行にも悪影響が発生し、さらには仲間のモチベーションの低下を招きます。

　だからこそ、問題が発生した際には、自分自身がいかに冷静さを維持して思考できるかが問われます。私はよく「宇宙規模で考えれば何が起きても大した話ではない」と極端な話をして、「参考にならない」と言われますが、そのくらい大きく構えて受け止めるほうがよいのです。

　私が高校2年生の夏の話になりますが、早稲田商店会主催の「エコサマーフェスティバル」というまちのイベントで、地方の商品の販売企画を任されたことがありました。

初めての販売企画で、しかも金勘定まで含めて任されたので、普段自分の財布のことしか考えたことがない私は、かなり緊張していました。どうにか商品は完売したのですが、イベントが終わり、レジを締めたところ、どうにも数字が合いません。一人デスクでその数字の再計算を繰り返しつつ、おそらくどこかで勘定を間違えていることに頭を悩ませていました。

　私のその青白い顔を見かねて、早稲田商店会の安井潤一郎会長（当時）が「悩んで解決するなら悩めばいいが、悩んだところで解決しないぞ」と声をかけてくれました。続けて「考えることと悩むことは別だ。問題が発生したら、変に責任を感じて悩みこんだところで解決しない。悩むな、どう解決できるかだけを考えれば、そんなに難しい話ではない」とアドバイスしてくれました。

　冷静に考えれば、そこで数字が合わないことは仕方のないことで、どうにもなりません。別の機会にはミスをしないようにする対応策を考えればよかっただけです。そのことを素直に産地の方に話をしたら、「そういうこともあるよな、だけど完売してくれてよかったよ」と笑ってくださいました。しかし、未経験で初めて現場を任された私は、ちょっとした問題でも悩むばかりで何の解決策も考えられない状態に陥っていたのです。何より自分ごとだからと焦るとさらに問題を大きくしてしまいがちです。パニックにならないことが大切です。

## ☑ 考えているのか、悩んでいるのかを自認する

　問題を抱えた時、歩みが止まった時、私は「考えているのか」それとも「悩んでいるのか」をいま一度見つめなおします。

　悩んでいる時はたいてい思考停止しており、物事の解決よりも別のことに思考が支配されています。誰かから言われたことに傷つき、それを引きずってしまったり、うまくいかなくなったことに責任を感じ

て、悩んでしまったり。しかし、結局のところ、それは自分がショックを受けているという姿を自分や周囲の人に示すことで救済を受けようとしている、単なるパフォーマンスだと認識すべきです。

自分の状況を客観的に見て悩んでいるなと思ったら、いったん深呼吸でもして、考える方向に思考を変えることが一番の解決策です。

## ☑ 客観的な「正論」から意思決定する

思考回路を「悩む」から「考える」へ切り替えたら、「問題は何か」「その影響はどの程度なのか」「どんな対応策が練られるのか」と、まずは「正論」で問題を整理していきます。よく「現実はそんなに簡単ではない」と言われますが、やはり正論から攻めるのが基本だと思っています。

まずは「正論」を自分なりに考えた上で、「それをどのように実施できるのか」という解決策の実現に向けたシナリオを立てます。この時には、最初に相談するべき相手の順序を考える、あえて会議を開いてみる、解決策を実施することで取り戻せない損害が発生した場合の対処方法を考えるなど、正論を実現するためのシナリオを自分なりに作る工夫が必要です。課題解決というものは、そのようなプロセスそのものです。

最初に論理的な方法をきちんと考えて解決に当たれば、問題はそれほど大きくならないものです。それに対して、最初に都合の悪い理由ばかりつけて正論の実現をねじ曲げてしまうと問題は拡大します。例えば食品偽装問題などでも、最初にしっかり謝罪して回収すればよいものを、経営に短期的な影響が出ることをためらって、一時的に責任を回避しようとするために問題が拡大するのです。

まちの活性化事業でも、計画どおりに進まない時に、その事実と向き合って合理的な解決策を考えず、どうにかして力技で計画どおりに

進めようとしたことで、後々とんでもない破綻をする事業が山ほどあります。

失敗に対して正論による軌道修正で問題解決に当たる経験を積んでいくことで、徐々に失敗を未然に防ぐ技術も身につきます。多少の失敗で生じる損害は勉強代だと思って割り切りましょう。むしろ長い目でみれば、失敗ときちんと向き合い、正論に基づく解決を図る経験を積み重ねることが重要です。その積み重ねにより問題解決力は養成されると言っても過言ではありません。

このように、問題が発生しても悩み込まずに考え続ける思考回路を持つことで、様々な挑戦もしやすくなります。失敗は常にある。そして、失敗から回復する時にこそ、自分がパワーアップしていきます。そのためには、悩むのではなく「考える」力を身につける、それが必要とされます。

---

📖 **本田直之『意思決定力』**ダイヤモンド社 2009

意思決定に必要なのは、客観性であり、すぐに行動に移していく一種の習慣である。意思決定は調整作業だと勘違いしている人がいるが、それは意思決定した後の具体的プロセスを指しているにすぎない。意思決定という結論を出す作業と、その内容を実現するための調整作業は、分けて考えなくてはならないことがわかる一冊。

# 2 | グループで取り組む時に必要な思考

## ① 「自分たちでやる」から、「人に任せる」へ

> メンバーの数が増えた時、それまでのやり方とうまく連続させなければならない局面に立たされる。他のメンバーにも、自分と同じようにやってもらえるだろうかと不安になり、メンバーを管理することで安心してしまう。これではプロジェクトはうまくいかない。つまり、意思決定の権限そのものを、共に取り組むメンバーに渡すことが大切になる。

### ☑ 規模によってやり方を変えていく

　地域での取り組みは、最初は小規模チームで始めることが原則です。

　私が地域で会社を作る時は３〜５人と決めています。大人数だと意思決定のスピードが失われ、利害関係が複雑になりすぎるからです。特に初期段階では、想定外の事態が起きやすいものです。そこで、事態に柔軟に対応でき、意志を共有できる少人数の仲間でチームを構成することで、シンプルかつスピードをもった意思決定が可能になります。

　しかし、徐々に取り組みが拡大するに従って、支えてくれる仲間を増やしていくことになります。そして、最初は１人のメンバーとして迎え入れた仲間にも、全体の成長に伴って、マネジャーとしてプロジェクトを回してもらう必要が出てきます。

　この時にやり方、考え方を変えなければなりません。

限られたメンバーで取り組む初期段階では、自分が先頭をきって問題を解決していくことが求められますが、メンバーが増加すれば、そのやり方を変えて、他のメンバーに一定の裁量をもたせて任せる必要が出てきます。この時に、それまでの自分のやり方を一旦放棄し、任せる人それぞれのやり方を認められるかが、全体の効率を上げる上で重要になります。

　もしすべてに目を配る方法を貫くのであれば、プロジェクト全体の規模を拡大しないほうがむしろ良いです。任せられる人がいるからこそプロジェクトは拡大していけるのであって、任せられる人がいないなら、プロジェクトを拡大しないのがベストです。

　少人数で始め、後に「人に任せる」という意志変革はとても難しいですが、プロジェクトを拡大させていく上では必要です。

## ☑ 自分のモノサシを捨てる

　まず第一に、関わる人の能力を自分のモノサシで計ることはやめる、これが大切です。

　多くの地域で「いい人材がいないから任せられない」といった声を耳にしますが、衰退している地域で万能な人材がたくさんいるはずがありません。一般的な能力の高さを求めるよりも、「明確に何かをやりたいという意志があるか」「言ったことはちゃんとやり通すか」といった意識や人格を問うほうが大切です。あとは、チームとして最低限のルールは守ってもらった上で、それぞれの得意分野やキャリアを活かした内容の仕事をやってもらえば、活動は円滑に進めやすくなります。やってもらいたいことがあって人を探すよりも、共に活動する人の得意な分野でプロジェクトを考えた方がプラスです。

　もちろんプロジェクトによっては特定の技術が求められる場合もありますが、逆に人もいないのにプロジェクトだけ発想するのも変な話

です。そもそも、自分たちの人材リソースの中で可能なプロジェクトしか計画してはならないのです。物事の順序を間違えてはダメです。

第二に、人に任せたらその人を完全管理するのは諦めることです。

一般に初期段階ではプロジェクトは1つか2つとシンプルですが、ある程度組織が成長してくると、イベントのような単発的なものから継続的に取り組むものまで4～5のプロジェクトが同時進行するようになります。場合によっては、特にやりたいことを明確に持っている人に決定権を与えて、仲間を集めて取り組みを進めてもらう必要も出てきます。失敗することもあるかもしれませんが、ここでは成功か失敗かを問うよりも、様々な取り組みが地域で連鎖的に起きている状況を生み出すことのほうが重要です。

何もない状況から地域の中で企画を立て、事業にまで育てていった初期の少人数チームは、精神面でも能力面でも際立ったレベルの持ち主が多いです。また、それぞれが自分なりの成功法則を形成しています。しかし、そのような初期の少人数チームの頃の考え方ややり方を、拡大したプロジェクトで全メンバーに実行させるのはほぼ不可能です。

私が高校生の頃に関わっていた早稲田商店会では、積極的に「任せる」ことをしてくれました。早稲田商店会は1996年から「環境まちづくり」を始めており、それが私が初めて関わった地域での取り組みでした。当時、環境とまちづくりを組み合わせた点に加え、商店街活性化に地元の早稲田大学が関与していくパートナーシップは目新しいものでした。

そんな早稲田商店会では、普段は3～5人の少人数でプロジェクトを進めていましたが、年に一度の「エコサマーフェスティバル」の時だけは、100名以上の関係者が10～20ほどのチームに分かれます。各チームで企画を立て、協賛金などを集めながら進める体制がとられていました。その運営は、基本的には、お金に関わること、規制対応

が必要なことに絞り込んで月1回の会議を開催するだけ。それ以外の細かなことはそれぞれのチームの責任者が各々に決定し、決定した内容をメーリングリストに流せばOKというやり方でした。

　全責任者であった商店会会長の安井潤一郎さんは、各チームの責任者からの要請を受けて動くことはあっても、いちいち口出しはせず、困った時には相談にのるというオープンなスタイルでした。そのような体制のもとで、イベントの前後には多様な取り組みが一気に提案、実行されていきました。そして、良い提案は恒常的に早稲田商店会の取り組みとして取り込まれていったのです。

　会長は、「自分の役回りは多くの人が動きやすい『場づくり』だ」と常々言っていました。トップが小姑のようにいちいち口出しをしているようでは、仲間は増えません。トップには、プロジェクトの大筋の方向性を示しながら、また責任をとらなくてはならない部分についてはきちんと確認しつつも、それ以外は完全に任せきれるかどうかが問われます。この割り切りがないと、プロジェクトのマネジメントは複雑になり、トップのストレスが膨らむだけでなく、誰も参画したくないものになってしまいます。

## ☑ 人の入れ替えを定期的に行う

　もう一つ重要なのは、定期的に人が入れ替わることです。

　プロジェクトを進めていくうちに徐々にチーム内にヒエラルキーが現れてきますが、時にそれが原因でチーム全体が硬直化することがあります。前向きな意味で統括してくれる人が現れればいいのですが、ある意味で牛耳ることに精を出してしまうゲートキーパー（門番）が出現した場合には困ったことになります。

　最も困るゲートキーパーとは、自分を通さないと満足しない、メンバーがトップに直接かけあうのを制約する、新しく参加する人に圧力

を与えるといった変な仕切り方をする人です。

　たいていの場合、本人は悪意がなくやっていることが多いのですが、そのような人がいると新しい企画が出にくくなり、次第にメンバーが減少し、つまらないことで揉めるようになります。

　そのような人には、いったん別の立場として関わってもらうなど、ポジションの入れ替えが必要になります。その決断はトップがすべきです。全体にも大きなショックがありますが、それを恐れて状態を放置すると、取り組み全体がおかしくなってしまいます。

　過去に私の関わった取り組みでも、活動が拡大するにつれて「私に話を通さないとだめだ」と言いだす人が現れ、みんなが嫌になって離れてしまったことが何度もありました。そのような状況を放置しても決して良いことはありません。

　その一方で、新しいことを始める際に、経験などとは無関係に新しい人材を抜擢することで、うまくいくこともあります。

　私が、全国の商店街組織の共同出資会社である株式会社商店街ネットワーク設立の手伝いをして、その後社長に就任したのが18才の時でした。16歳の時から商店会活動に参加していたものの、単なる高校生にすぎません。しかし、みんなで新しい会社をつくるという話が出た時に、商店会会長が発したのが「新しいことは、新しい奴がやらなくてはならない」という言葉でした。何の経験もない高校生に1250万円の資本金を預けるのですから、今思えばかなり思い切った採用でした。

　商店街ネットワークのビジネス自体は思うような結果を生めませんでしたが、今に続く事業との向き合い方の基本はこの時に学びました。

　果たして今の自分は思い切って高校生にプロジェクトを任せられるのか。これは本当に器量のいることだと、改めてその難しさを実感しています。しかし、そのような思い切った人材の刷新こそが、衰退す

る地域と向き合う上で極めて重要であることもまた事実です。

　初期の少数精鋭型のやり方にこだわりすぎたり、組織規模が大きくなっても同じメンバーで動かし続けることはせず、組織の成長に合わせてやり方を変える。時にショックを与えるような世代交代もする。トップにはそういった意識の進化が求められます。

---

**ジェイソン・フリード 他『小さなチーム、大きな仕事』早川書房 2012**

インターネットベンチャーによって小さなチームで仕事を成長させていくプロセスの解説書。地域の取り組みでも、小さなチームでスタートすることが多く、オフィスでフルタイムで働く昔ながらのスタイルではない、新しい働き方はとても大切。リモートワーク含めて、生産性の高いプロジェクト推進をイメージできる一冊。

---

**クレイトン・クリステンセン『イノベーションのジレンマ』翔泳社 2001**

資金があって、大きく立派な組織が、後発の小さな組織に負けるのはなぜか。地域が衰退から発展へと逆転するためのヒントとともに、衰退していくにも関わらず、すぐに変わることができない行政などの構造も理解することができる。イノベーションとは、高度な技術革新ではなく、地域事業においても十分に可能な転換だと気づかされる一冊。

## 2　説得ではなく、結果で見せる

地域の取り組みでは、合意形成を図るためにいつまでも事前説明や説得を続けている場面がよく見受けられる。とはいえ、誰しもが結果を見なければその良し悪しを判断することはできない。まずは自分の考えに基づいて結果を出すことが必要だ。たとえ孤立しても、挑戦を続けることが大切である。

### ☑ やってみなければ、誰もわからない

　地域で何かに取り組む際には、「総論賛成・各論反対」が世の常です。「地域を良くしよう！」といった漠然とした内容にはみんなが賛成できますが、「どのように良くするのか」という方法については人によって大きく意見が分かれます。結局のところ何をするにも常に反対者は現れますし、たとえ成果をあげたとしてもその反対意見がゼロになることはありません。

　重要なのは、そこでプロジェクトを止めないことです。

　批判にいちいち反応して、計画を変更しているようでは、計画そのものの成果に影響が及びます。つまり、批判する人がいるからといって安易に計画を変えてはなりません。変更してもよいのは、その計画が成功を収める上でより合理的な方法が見つかった時だけです。

　結局のところ、実行する以前では、賛成側も反対側も、誰もよくわかっていません。その計画自体を考え抜いている自分でさえ不安なくらいですから、他人から見れば計画なんていくらでも叩きようがあります。まずは自分が実行してみることです。

　反対派の説得に労力を割くばかりで、いつまでも実行せずにいると

かえってお互いの溝を深めることもあります。執拗なまでの説得は、相手に「ここまで反対したら譲歩できない」とより意固地になる理由を生み出すことにもつながりますし、こちら側にも疲れと怒りが溜まるばかりです。お互いが「何を言ってもあいつは理解しない」という悪循環に陥ります。

さらには、賛成派からも「いつまでも口だけで何もやらない」と言われる状況にもなりかねません。これでは元も子もなくなります。

## ☑ 論より証拠。結果が一番の代弁者

2007年のことです。衰退する商店街に対して、中小ビルでのごみ処理やエレベーター保守管理などの業務を一括契約に切り替えてコストを削減し、その差額で再投資財源を生み出すプログラムを考えました。不動産オーナーが中心となり地区全体で効率的管理を行う取り組みは、海外では一般的でしたが、国内ではまだ知られていませんでした。そのため、不動産オーナーに最初の負担を負ってもらうことは難しい状況でした。そこで、コストを削減した上で、その差額を財源にあてようと考えたわけです。この提案にすぐに反応してくれたのが、熊本市の不動産オーナーであり、商店会長でもある南良輔さんでした。

その当時、ちょうど南さんも、いつまでもイベントばかりやっていても埒が明かない、まちの経営的な取り組みをしていくべきだと考えていたところでした。しかし、そのような取り組みは従来の商店街事業にはあまり事例がなかったので、地元の多くの方は疑心暗鬼でした。最初は地元の商工会議所が運営するまちづくり会社を事業主体にすることも考えましたが、ビル管理の各種業務をすべて入札に切り替えて競争を加速させる方法は、何度説明しても当時の上層部には理解されませんでした。説明すればするほど「地元企業の競争を助長する」と納得を得られず、ある時点で無理な説明はやめたほうがいいと考える

に至りました。

そこで、完全民間の独立したまちづくり会社として、「熊本城東マネジメント」という会社を設立することにしました。自分で独自に、あるべきカタチで事業を執行するのが適切だと判断した結果です。ただし、事業の意思決定は会社で行いつつも、商店街の方々とは話し合いや説明の場を設けました。そこで出された意見を採用するかしないかは経営判断になりますので、会社預かりにするという形式は徹底しています。このメリハリは極めて有効に機能しました。

その上で、各中心商店街のビルオーナーに対しては、まちの経営に関するレクチャーを1年近く継続的に行いました。参加したオーナーの中には、「それはパンドラの箱だ。手を出せない。うちにはできない」と言う人もいれば、逆に「うちは組織として大きいから同じ事業を勝手にできる。別にいいよ」と言う人もいました。ですが、もともとまちは一枚岩ではありませんから、ここで悩む必要はないのです。

理解を得られなかったオーナーを無理に勧誘することはせず、理解して納得してくれたオーナーたちと共に事業をスタートすることにしました。実際、これが一番早くて確実な方法でした。無理に説得してまとまるのを待ってからスタートするのではなく、小さくともまずは始めてみせることを選択したわけです。

結果的には、この選択が大正解でした。最初は1つの商店街区にある数棟のビルから始めました。1年目は54店舗が加盟して事業をスタートしたところ、ごみ処理で175万円程度の費用の削減が実現し、初年度から会社としても黒字決算で終えることができました。各ビルでは管理費の削減などに寄与でき、60万円ほどのまちづくり財源も生まれました。言葉で説明するよりも形になるとやはり話は早いものです。その後、当初は「できない」と言っていた商店街のオーナーからもぜひ加盟したいという声があがるようになり、また「うちでは勝

手にできる」と言っていたオーナーからも「やはり参加させてほしい」と声がかかり、3年後には加盟店は170店舗以上に拡大しました。

　これは、最初にあまり説得に回りすぎるのではなく、小規模でも自分たちなりにまずはスタートさせ、結果を見せることほど効果的な説明方法はないと実感した出来事でした。大きな組織から言われるままに自分のやり方を変更したり、納得しない人まで無理やり巻き込んで事業を進めていたら、もっと歪んだカタチになり失敗していたかもしれません。重要なのは、やってもいない状態で人に迎合することではなく、しっかり自分で考え抜いた方法で、理解が得られた人たちと共にまずは成果を地域に生み出すことです。

　ただ実際には、多くの商店街の会長らから理解が得られず、さらに地元の経済団体からも圧力を受けるような状況下では、スタートを切ることにビビるでしょう。押し寄せる不安から、どうしても説明や説得に明け暮れてしまう状況に陥りがちです。それで嫌気が差してしまうと、計画自体がお蔵入り、あるいは換骨奪胎された全く無意味な計画を補助金を使って適当に進めることにもなりかねません。それでは、最終的にまちにとっては何の成果もなかったことになってしまいます。

　結局、何もせずに終わってしまったり、失敗するのであれば、みんなが賛同者になるまで説明し続けることなどせず、さっさと仲間と共に仕掛けるのが得策です。

### ☑ 案の段階で潰し合いをせず、結果で競う

　まちの取り組みに関わる人々には、いろいろなタイプの人がいます。事業計画を見せるだけですぐに理解してくれる人もいれば、事業が形になってようやく理解できる人もいます。また、こちらの方法に賛同できない人のなかには、同じような狙いの事業を異なるやり方で仕掛けようとする人がいることもあります。「同じまちの人間なのだから

一致団結してやろう」という考え方もわかりますが、人間はそう簡単にわかり合えないものです。どんな取り組みでも、価値があると感じる人もいれば、陳腐と感じる人もいるのです。

　しかし、その違いを互いに論争したり調整している間は、まちでは何の変化も起きません。

　まずは各々で形にしてみることで、結果の良いものは残り、ダメなものはなくなっていきます。まちを良くする適切な淘汰が起こるのです。ですから、最初に潰し合いをしすぎるのは不毛です。

　実際には、何をどのように仕掛けたら成果が出るのか、その正解なんて誰にもわからないのです。まずは割り切って反対意見を受けながら、自分が良いと考える取り組みをやり切りましょう。

> **ロジャー・フィッシャー他『ハーバード流交渉術』三笠書房 1989**
> 地域の取り組みでは、常に交渉の場面が出てくる。交渉では自分がイニシアティブを握り、「より上位の目標を共有する」ことが基本。総論で賛成を確認しながらも、自分の意見を通すためには一定の交渉術をもって臨むことが大切。各種の方法論について知り、考えることができる一冊。

## ③ 「ないもの」で諦めず「あるもの」で勝負する

> 「お金がない」「時間がない」などと「○○がないからできないのが当たり前」という考え方に浸り切ってしまうと、何一つ仕掛けられなくなっていく。「ないもの」ではなく、「あるもの」で勝負しよう。

### ☑ 「予算がない」は「知恵がない」

　まちでの取り組みを進める際によく出てくるのが、「予算がない」という言葉です。「お金がないからできない！」と堂々と言う人がたくさんいます。一番困るのは「いいアイデアはあるのに、予算がないからできない！！」と言う人ですが、そのような思考に陥ったらある意味、終わりです。よく考えてみてください。それは予算がないのではなく、「そのアイデア程度では誰も資金を出したくない、むしろ自分でさえそのアイデアにお金を出そうとしていない」ということです。アイデアさえあれば誰かがお金を出してくれるような都合の良い話はどこにも転がっていません。もし転がっているようでしたら、至急私までご連絡ください。

　さて、そのような考え方には2つの問題があります。

　一つは、「いいアイデアを出せば何かが実現する」という思考です。

　そもそも、自分が考える「いい取り組み」が絶対に成果を上げるものである保障なんてありません。作り手がいいと思っている製品でも売れないものは売れませんし、それは地域での取り組みでも同様です。自分や仲間内がいいと思い込んでいるプロジェクトでも、実はたいして誰も評価してくれないプロジェクトだったりするなんてことはザラ

にあります。私自身、徹夜で考えて「革命的だ！」と思ったプランでも、やってみると反応のなさに驚愕した経験が山ほどあります。つまり、いいアイデアなのに他人が評価してくれないという考え方は、単に「ひとりよがり」だということです。

　もう一つは、そもそも自分で問題解決しようという心構えがないことです。

　結局のところ、アイデアレベルに留まり、行動を起こさず、誰かにやらせようとか、サポートがないからできないなどと言い訳するのは、地域で何かを興そうとする時には通用しません。そもそも、自分自身で動こうとしないアイデアに、まわりの人間がついてくるでしょうか。

　お金を誰かに用意してもらおうというのも、結局は自分で何とかして稼げる仕組みを作ろうという本気の思考と行動が欠けている証しです。その企画単独では儲からなくとも、別の事業と組み合わせて儲けることも考えられます。

　例えばオープンスペースを作るのであれば、スペースの内外に自動販売機を設置するだけで水道光熱費程度を稼げます。また、まちの図書館をつくる場合なら、中古本の買取りや飲食提供を行うことで経営を成り立たせることも考えられます。つまり、やり方によっては稼げる方法が十分にあるのです。それを考えようとしないのは、本人が本気ではないことの現れです。実際、私がこれまで関わってきたプロジェクトにおいても、本当に真剣に取り組む人たちの中にお金がないことを言い訳にする人は見たことがありません。

　本気でやりたい企画に対しては、主体的に何が何でも実現に向けて努力するものです。その努力を続けているうちに、いい企画にはお金を援助してくれる人が現れますし、事業性があれば投資してくれる人や銀行も現れます。つまり、どこからも支援されないのは、結局のところ自分の本気度も足りないということであり、それゆえ周囲からも

共感を得られない陳腐な企画だと反省すべきでしょう。すべては自分の企画力・行動力の問題であると受け止めることが大切です。

## ☑ あるものでやれることを考える

　私が初めてまちに関わることになった早稲田商店会は、もともとは年間予算が60万円ほどの超零細の任意団体の商店会でした。ですが、裕福な団体ではなかったがゆえに、何かを考案し、それを「あるもの」で実行する方法を徹底して考える癖がつきました。恵まれていないがゆえに身についた知恵です。

　組織のお財布から、私がやりたいことのためにお金を出してくれることは一切ありませんでした。企画を提案するたびに、「なるほど、いい企画だな。何人か紹介するから自分で必要なものは交渉して調達してくるか、稼ぎ方を考えなさい」と言われました。つまり、企画提案した者自身が、必要なお金や材料の調達を交渉し、自ら稼ぐ手段を考えなければならなかったのです。自らの力でやりたいことを可能にする、これが参加するメンバーの基本ルールでした。

　「お金がないから知恵がでる。お金があるから知恵がひっこむ」。これが常に言われていたことで、今でも私が意識している大切な教えです。

　何事もまずは「あるもの」でやるしかない。つまるところ、それはお金だけに関する話ではありません。人に関しても、設備に関しても、すべてにおいて同様です。「ないなら、ないなりにどうできるのか」を考える。その知恵の力によって、活性化を実現することができます。

　そして、それをいかにうまく舵取りしていくか、これもまた、プロジェクトを率いるトップ層の「思考」によるところが大きいのです。

📖 **ダレル・ハモンド『カブーム!』** 英治出版 2012

　アメリカにおいて地域に必要な広場、公園、校庭などを 2000 以上整備してきた NPO の物語。私も 2003 年に渡米した際に、当時の Kaboom！の取組みに参加して衝撃を受けた。行政に頼るのではなく、民間が独自のサービスモデルを作り、公共に代わって支えていくことが可能であることを強く認識できる一冊。

# 3 革新的な事業に地域で取り組む時に必要な思考

## ① いい人になることは二の次

> 「いいことをしたい」「いい人になりたい」という自己実現的な目的で地域に関わろうとする人がいる。しかし、目的は「地域を活性化すること」であって、自己実現でも自己探求でもないことを忘れずに。地域活性化という目的で関わる意思があるなら、多少地域の人から嫌われようとも、やるべきことをやり切ることが求められる。

### ☑ 批判されるのは良いこと

　まちで事業を仕掛ける際に直面する困難な事態は、「嫌われること」です。その地域のためを思って自ら提案し、行動しても、必ずしも最初から全ての人に歓迎されるとは限りません。むしろ反対を受けることのほうが多かったりします。

　純粋な思いを胸に地域に入り込み、困っている状況をどうにかして変えたいという気持ちの人でも反対されます。そこで多くの人は悩んでいます。なぜ「善意」がみんなに理解されないのか、と。しかし、私は最初から「いい人」であることを諦めています。まわりから苦言を言われても、孤独と向き合いつつ意思決定し、少数の仲間と物事を成し遂げ、結果を出すことを優先します。結局のところ、それがみんなに理解してもらう近道だったりします。

　私の仲間で、実際に地元で事業を仕掛けて十分な成果を上げている

マネジャーでも、地元の人たち全員から良い評判を得ていることはほぼありません。むしろ、事業が地域に与えるインパクトが大きければ大きいほど抵抗を示す人は増えますし、批判の声も大きくなります。従来のやり方に慣れてしまっている人たちからすれば、変化を強いられるだけで抵抗を示すわけです。しかし、そこで折れてはいけません。やらなくてはならないことをやりとげるためには、まわりの声に一喜一憂しているようでは物事が進まないからです。

　悪い評判が立つことは地域の問題解決に真剣に取り組んでいる証拠であり、その地域に一石を投じている証拠だと考えましょう。そして、批判の声の一方で、支持する声があることを忘れてはいけません。

## ☑ 最初は理解されなくて当たり前

　私自身も実際に地域で何らかの取り組みを仕掛けるたびに、必ず反対されます。今や、最初からすべてを理解し、賛同してもらえるなんて期待していません。もし理解者が一人でもいてくれたら、それだけでありがたいと思うようにしています。

　私も地域での活動に参加した当初は褒められることが多く、「まわりの評価を受けるためにどう取り組むか」を意識していました。「楽しいことと儲かることがまちを動かすキーワード」と教わり、それをまじめに実行していました。そこでは孤独に耐える必要もありませんでした。今思えば、それだけ上の人たちの理解に恵まれていたとも言えます。

　だからこそ、高校３年生の時に商店街ネットワークを任され、事業として地域での取り組みを仕掛ける立場になった時のショックは大きかった。何をやっても批判されたからです。人様から資金を預かって事業として活性化に取り組むことは、仲の良いグループで活動することとは全く別物でした。突然、社長となり、事業を仕掛けるにしても、

何をどう始めたらよいのかもわからず、ただ重責を感じるばかり。民間会社として事業を仕掛けて地域で実績をあげることの圧倒的な難しさに戸惑っているうちに1年が過ぎ、株主総会を迎えました。そこでは、1年間何を行い、どのような業績を上げたのか、審判を受けるわけです。本番では事前説明の段階から、「そんなことをして俺たちに何の得になるんだ」「失敗したらどう責任をとってくれるんだ」と全国の商店街から言われました。あまりの精神的ストレスから、一時円形脱毛症にもなったほどです。

## ☑ 小さな成果を一刻も早く出す

解決策はシンプルで、「さっさと成果を出すこと」、そして「中期、長期でそれぞれ実を結ぶことを区分して進めること」の2点です。まずは筋を通しながらも手堅く成果を生み出せる方法を実行しつつ、その上でより難易度の高い上位の課題へと進んでいく二段階作戦です。

先述した熊本の取り組みでも、まずはまちなかにある各種不動産のコスト見直しから始めました。まずは手っ取り早くコストを改善すれば、まちの経営に効果があることを目に見える形で示すことができます。その後、より時間がかかり、難易度の高い事業へと進んでいく方式です。何より、初期にコストを削減し、新たな売上が生まれれば、より多くの利益を残せます。その意味では、中期的展望まで見据えた方法でもあります。

「仕掛けてから実績が生まれるまでの時間」をどれだけ短縮するかが、マネジメントにおける重要なポイントです。

あまり事業経験がない中で、仕掛けてから結果が出ない状況が2〜3年続くようなら、立ち止まって見直し、断念することも考えましょう。それ以上続けると、相当にタフでない限り身がもちません。また、他人の意見に左右され、一貫性もなくなり、当初の狙いが影を潜めて、

ただやり続けるだけの形骸化したものになってしまいます。

　対策は、最初のハードルは低めに設定することです。例えば、いきなり「地域全体の空き家問題を解決する」などと言って、空家問題ワークショップや空家バンク創設構想をぶち上げるのではなく、それを見据えつつもまずは「1件の空き家を再生し、新たに商売を始めてもらう」という事業を半年くらいでやってしまう。そうすれば、次の成果を上げようと仲間も活発に動いてくれるようになり、新たな仲間が加わってきます。こうして正の連鎖が生まれるのです。

　必要なのは気合いではありません。すぐに結果を出せるプロジェクトを1つ選択し、そこに集中することです。そこで出た小さな成果をきっかけにして、次に挑戦するプロジェクトの難易度を少しずつ高めていき、成果の規模を広げていくことで、当初見据えていた課題が解決し取り組みが実を結ぶことになるのです。

## ☑ 「安定への甘え」と「メンバー間の隔たり」に注意

　初期の最も困難な状況を乗り超えると、事業は安定期に入ります。取り組みが一定の評価を受け、事業によっては一定の金銭的余裕が生まれるようになり、そこで得た利益で次の事業を自立的に仕掛けることも可能になります。とても楽しい時期です。

　しかし、そういう時こそ守りに入り、「いい人になりたい」という欲求が再燃しがちです。地域を変えようと燃え上がる想いを失い、ネットワークづくりと称して、意味のない取り組みに協賛したり、ワークショップに参加するようになります。なぜなら、一定の成果を達成すると、まわりから特別な扱いを受け、気持ちが良いからです。みんなから「すごいですね」とほめられ、ウケる講演を繰り返せば、さらに「あの人の話は素晴らしい」と評価されます。ですが、そういう時に限って大きな問題が足音を立てずに近づいていたりします。

かくいう自分も、商店街ネットワークでは、自分の取り組みの評価に甘んじていました。今でもすぐに油断するので気をつけなくては、と思い続けています。プロジェクトが少しうまく進み始める段階こそ危険です。

　何より、この中期の段階が初期と大きく違う点は、仲間内で揉めることが多いことです。初期段階では外部からの批判で崩れることがよくありますが、中期以降ではメンバー内部の混乱により取り組みがつぶれてしまう事例が見受けられます。

　問題が顕在化するパターンには、以下の3つが挙げられます。

　①既存事業がうまくいかなくなる
　②新規事業が頓挫する
　③自分たちの実力以上の事業に手を出して失敗する

　①は、最もよくあるパターンです。事業への賛同者や利用者が離れ、既存事業が行き詰まります。

　②は、初期の事業に注いだほどの努力を怠り、新規事業が頓挫するパターンです。一度成功した後ほど、次の事業が地域にとって本質的にプラスになるものかどうか、真剣に考える必要があるのですが、過去の一席に胡坐をかき、自分たちを過信してしまうことで起こります。

　いずれの場合も主たる原因は、最初の取り組みに全力を傾けていた当初のメンバー間の結束力が弱まっていることです。みんなが多忙になり、また既存事業を達成した安心感が個々の力も結束も弱めてしまいます。「奢り」が失敗を招くのです。

　いったん結束力が弱まってしまったメンバー同士では失敗に向き合うことさえ難しくなります。失敗への反省を忘れ、次の事業をさっさと進めようといった話になることもあります。しかしながら、問題の

原因はあくまで自分たちにあるのです。そこで外的な要因に責任を転嫁しても、問題は解決されません。自分たちでこれから事業にどう向き合っていくのか、今一度きちんと反省する必要があります。

そのためには、ひとまず「時間を共有すること」が大切です。取り組みを始めた当初は、毎日のように顔を合わせ、密なやりとりをしていた仲間同士も、事業の山場を超えると状況は変わります。既存事業はルーティン化され、あまり話をしなくてもそれぞれの役割分担で仕事をこなすことが可能になるでしょう。ですが、その結果として、メンバー同士の「時間の共有」が不足することになります。人間は、時間の共有がなくなるにつれて、互いに疑心暗鬼になったり、素直に話をしにくくなるものです。

解決策はいたってシンプルで、定期的に合宿をすることです。1泊2日、できれば2泊3日でみんなで時間を共有し、昼間はまじめに、夜は酒を飲み交わしながら腹を割って話をします。すると、わだかまりが解消され、問題にもきちんと向き合えるようになります。また、定期的な合宿には、メンバー同士が不信を抱く状態に陥ることを未然に防ぐ効果もあります。

実際、私が関わっている各種団体や会社でも、四半期に一度ほどコアメンバーで合宿に出ることにしています。何か大きな意思決定をする際にも、合宿によってチームワークを高めることにつながります。

その合宿を通して、お互いの考えや問題点を共有し、何をすべきなのか客観的な議論を行うことで、問題を未然に防ぐことができたり、日常に流されて手薄になっていた状況を是正することも可能になります。仕切り直しができるわけです。

続く③のパターンについては、これまでの2つのパターンとは異なる工夫が必要です。

事業で飛躍することはもちろん大切ですが、実力にそぐわない規模

の事業に取り組むと、必ず後々おかしくなります。特に注意が必要なのは、国や自治体からの補助事業や委託事業へ手を出すことです。一定の成果を上げた取り組みは、「成功事例」として持ち上げられ、補助や委託の誘いが例外なくきます。私自身も幾度となく経験してきました。そして、依頼を受けた事業の多くが数年後には失速していく事態も数多く目の当たりにしてきました。

このような身に余る事業に急に手を出してしまうと、元々の事業が手薄になります。また、一気に大きな予算を得ることで、チーム内での役割分担やパワーバランスが崩れてしまいます。さらには、その事業のために人を雇うことで当初の目的をないがしろにしてでも事業を続けなくてはならない状況に陥ります。

そうなると、役割分担と予算の取り分の考え方でメンバー間に大きな隔たりが生まれてきます。それまでは予算にこだわっていなかった人が急にお金の話ばかりするようになったり、元々の事業よりも予算事業に注力し始める人も現れます。さらに予算事業の評価指標に左右され、その報告書作成に時間と手間を費やす、あるいは会計検査院の監査対応に同伴するなど、本来の事業ではない業務も膨れ上がります。

最初は国に認められたことで「いずれ国の政策にも反映されるかもしれない」などと、メンバー同士で意気込むのですが、残念なことに国が事業費で支援するのはせいぜい３年程度です。事業としての新規性がなくなり、国側の担当者も変わると、支援は継続されないことの方が多く、その結果、膨らんだ母体はそのままに、多額のお金が消えていき、また実力に合った事業規模に戻らざるをえない状況になります。しかし、いったん巨額の予算の事業に慣れてしまった関係者は、物理的にも心理的にもダウンサイジングできず、何とかしてどこかから予算を引き出そうと考えるようになってしまいます。

これを防ぐためには、自分たちの事業規模を超えるような委託事業

には取り組まないことです。

　たまたま手にした単発予算や巨額の予算は、決して自分たちの実力にはなりません。それらは長期事業計画からは外すことが必要です。また、そのような大きな事業に取り組む際には、既存事業とは別にプロジェクト・マネジャーと事務員を入れることも必要になります。予算系事業には他の事業とは異なる独特のルールがあり、多くの事務作業が発生します。それに従事する人をできるだけ既存事業と分離しなければ、既存事業の体制が崩壊してしまいます。加えて、予算があることで寄ってくる良からぬ輩たちを厳しく拒む必要もあります。

　せっかく苦労してスタートさせた取り組みこそ、少しずつでも大切に積み上げて成果を上げることが重要です。一過性の予算は身につきません。

### 土居健郎『「甘え」の構造』弘文堂 2007

「甘え」とは、周囲に好かれることによって依存できる状況を引き出そうとする行為。日本では、まちに関わる際、周囲に好意的に受け取られることを優先しがちだが、それは互いに甘えを許し、依存関係を構築していくプロセスそのものであり、問題を引き起こす。日頃の行動を考えさせられる一冊。

## 2 再挑戦こそ本当の挑戦

> リベンジこそ本当の挑戦。たとえ失敗しても、その失敗から学び、次なる挑戦でしっかりとした成果を上げていく。地域においても、常にトライ・アンド・エラー。人生と同じく、取り組みにおいても、上げ調子だからといって過度に盛り上がらず、下げ調子だからといって落ち込む必要もない。むしろ、失敗や下げ調子から学ぶことの方が多い。

### ☑ 挫折こそが大いなるチャンス

　地域での取り組みには、批判や孤独、挫折や失敗がつきものです。私自身 18 年間の経験を積んでも、いまだに失敗が後を絶ちません。

　しかし、挫折から学ぶことほど役立つものはありません。そして、挫折から得られる経験や知識は、挑戦した本人にしか身につきません。ある失敗談を他人から聞いても、その人と同じ学びは得られません。痛い思いを身をもって経験するからこそ、真剣に学び、克服する力を得て、人格的にも成長を果たせるのだと思います。

　ですから、地域での取り組みにおいて挫折を味わった時には、それは自分にとっての大いなるチャンスです。当然ながらその時には落ち込むでしょうが、一度立ち止まって考えたり休んだりして、また仕掛けたいことが見つかれば再び仕掛ければよいです。

　挫折で過度に凹んだり、挫折したことをひた隠しにしながら取り組みを続けるような無理は禁物です。無理をするとますます精神的に追い詰められます。まずはいったん客観的に自分の状況を見て、考えこまずに流れに身を任せてみると、思いもしない展開が自分を成長させ

てくれることもあります。

　現代は、保守的なキャリア志向が強すぎて、過度に挫折を怖がる傾向がありますが、それは結局のところ、成功や前向きな変化を遠ざけます。ましてや地域で困難なプロジェクトに挑戦しているわけですから、批判にも挫折にも遭遇しなければ、何かが間違っているはずだと反省するべきです。そのくらい、最初から「挫折と付き合う」つもりでいたほうが自然ですし、私自身、自分に起こる挫折にはあまり逆らわずに受け止め、その先を見定めることにしています。

## ☑ 二度と地域に関わるものか！と思うのは普通のこと

　この18年の間に私も「もう二度とまちづくりなんかに関わるか」と思ったことが何度もありました。

　その中でも自分にとって最大の挫折とも言えるのは、大学4年生の夏、高校3年生の時から務めてきた商店街ネットワークの社長を退任する際に感じた挫折です。その頃私は商店街の自主財源創出、つまり商店街が自ら稼げるようになるための事業プログラムに注力するようになり、道路利活用や屋外広告物販売に関する規制緩和と営業展開を同時に進めていました。当時これがそれなりに成果を収めるようになっていたのですが、出資者である商店街の多くの人には全く理解されていませんでした。

　全国各地の商店街の方々からは、「もっと補助金を活用して商店街のイベント事業をやりたい」「全国各地の特産品を商店街のお店で販売する仕組みを作ってほしい」という要望が寄せられていました。しかし、実施してみたものの、いずれも各店舗が真剣に営業することなく実績も上がらなかったため、会社としてはそれが稼げる事業だとは思えなかったのです。それゆえに別の実績を出せる事業に注力したわけですが、私の説明不足もあり、株主である商店街の各店舗の人たちか

らは全く支持を得られなかったのです。総会では私自身も頭ごなしに否定されたことに腹を立てて株主たちと大げんか。「二度とこの分野で仕事できないようにしてやる」と言われて「こちらから願い下げだ。勝手にやって衰退しろ」と言い返すようなやりとりがきっかけとなり、役職を降りることになりました。退任は自分で選択したことなのでまだ良かったのですが、降りることで世の中の見え方がこんなに変わるのかと気づかされました。

　そもそも経営がうまくいかず業績不振で挫折するのであれば納得できるのですが、せっかく光明が見えて単年度黒字にできていたのに、それが全く評価されなかったことが悔しくて仕方ありませんでした。

　また、役職を降りた途端、学生社長として様々な取り組みをしていたことに注目してくれていた人たちから、手のひらを返したように連絡が途絶えました。彼らは単に「学生社長」という肩書を評価していたのであって、私自身の考えには全く関心がなかったことがわかりました。世の中というものがいかに肩書や立場によって人を持ち上げもすれば叩き落としもするのか、身をもって経験する機会にもなりました。

　このような挫折を味わいつつ、私は猛烈な怒りを感じていました。そして２つの決意をしました。一つは、全く違う分野でも自分のやり方が通用することを示すこと。もう一つは、新たなやり方を考え出して、地域の分野で事業展開することでした。

　前者については、一念発起して大学院を受験し、一橋大学大学院で勉強しながら、東京財団や経済産業研究所などで研究プロジェクト等に携わる機会を得ました。さらに、あるエレクトロニクス分野のグローバル企業で事業戦略や企業買収の仕事をしました。

　それらの経験から、エリア全体での中小ビル一括管理事業といったその後の事業につながるアイデアや経験、人的ネットワークを得るこ

とができました。商店街ネットワークで社長を務め続けていては絶対に得られなかったことが、やめることによって得られたわけです。

挫折とは、新陳代謝を自分にもたらしてくれる絶好の機会です。挫折がなければ異分野で挑戦することはなかったでしょうし、新たな経験を積み重ねることもなかったと思います。

また、地域分野における新しい試みを考える上でも、同じ分野に没頭しているだけでは視野が狭くなりがちです。その点でも、挫折は、自分を変える機会も与えてくれます。

## ☑ 反省を活かして再挑戦する

商店街ネットワークの社長をやめて大学院に通っていた2年ほどの間、地域での取り組みには一切手を出しませんでした。「木下は地域を捨てた」と非難する声も聞こえましたが、気にしませんでした。やりたくなくなったから休んでインプットに没頭する、そのうちにまた意欲が湧けばその時は徹底的にやる、そういうメリハリが私には必要でした。

そして、大学院を卒業する頃には、再びやる気が出てきました。そこで、「まちを一つの会社としてみる」という経営的視点を基本コンセプトに置き、いくつかの事業モデルを考え、レポートにまとめて発表していきました。過去の失敗経験から、エリアにとって中長期でプラスになる事業を作るだけではなく、そのエリア内の各店舗や各不動産オーナーが短期的にも利益が得られる事業モデルでなければ、地域での取り組みは継続しないことを学びました。

その経験と大学院時代の調査研究などをもとに、考えた事業を試す機会が訪れます。先述した熊本市の取り組みです。

再挑戦こそが、真価が問われる「本当の挑戦」だと思います。そのためには主体的な失敗、自分自身の挫折こそが必要です。

挑戦し、失敗したら、反省を活かして再度挑戦してみてください。一度の失敗で折れてしまったり、あきらめて補助金頼みの地域活動をやっては失敗の意味がないです。失敗を重ねながらも、改善によって少しずつ前進していくことが大切です。失敗と失敗、そしてちょっとした成功、というリズムが普通なのだと思います。

　私自身、今でも失敗をするともちろん傷つきますが、そこで落ち込んでいても解決にはならないことを過去の失敗から学びました。そんな時こそ落ち着いて改善策をじっくり考える時期だと割り切っています。失敗すると様々な依頼も減り時間ができるので、その時に次の仕込みをしっかりやりましょう。

---

📖　**畑村洋太郎『失敗学のすすめ』講談社 2005**
　　失敗を回避することばかり考えるのではなく、失敗と向き合い、そこから学んでいくことが、次なる成功につながる。日本では失敗を整理することを後ろ向きに捉えるがゆえに、同じ間違いを繰り返す。どのように失敗から学べばよいかを考えるための一冊。

## 3 稼ぐことと向き合う

> 地域での取り組みにおいては、人のためになることをやりたいと言いながら稼ぐことに後ろめたさを感じる人や、金儲けを不得意だと思っている人が少なからずいる。しかし、本当に「人のためになること」には「しっかり稼げること」が多い。黒字を生み出す仕組みそのものを地域に生み出すことが、将来への力になっていく。

### ☑ 地域で「稼ぐ仕組み」を生み出す

　最近少し不安を感じているのは、地域で何かを仕掛けたいと思っている人の中に、お金に対する意識が希薄だったり、もしくは苦手意識を持っている、場合によっては後ろめたささえ感じている人が多いことです。「地域のためになることをやりたい」ということが稼ぐことと結びつかず、みんなの負担でそれを達成しようとする人も少なくありません。しかし、その考え方のままでは、人口が減っていく地域において負担はますます多くなります。そして、負担が多くなると、住民はその負担から逃れるために人口集積のある都市部に流出していく。すると、さらに1人あたりの負担が重くなるという悪循環に陥ります。

　今日の地域が抱える問題の多くは、住民の一時的な負担や国の予算によって解決できるものではありません。だからこそ、問題解決そのものを事業性のある取り組みにし、その黒字を将来につなぎ、自立継続できるように稼ぎの連鎖を生み出す必要があります。

　地域が衰退している理由は、経済的な問題がその基盤にあることがほとんどです。経済的な問題解決だけですべてが解決するわけではあ

りませんが、経済力がなければ必要なことさえも実行できません。

しかしながら、昨今では、ワークショップを展開する取り組みが流行っています。このような取り組みのほとんどが税金で賄われており、地域住民もしくは国民の負担によって成立しています。そして、税金で負担されている資金はそのままワークショップをやる人たちのフィーになるだけで、地域に稼ぎを生み出すことはありません。これでは、地域の状況は改善するどころか、衰退を加速させるだけです。

私は、自治体や国からお金を受け取ったら、その金額以上の歳入を増やすか歳出を減らす効果を地元に生み出す事業を構築するのが筋だと思っています。少なくとも、それを生み出すことが可能な解決策を提示し、地域で取り組めば必ず取り戻せるようなプロジェクトでなくては無責任です。地域の合意形成ができたとか、やる気が出たレベルの話で終わっているようでは、単なる地域からの資金流出、浪費とも言えるでしょう。

地域活性化を目指す上では、独自に「稼ぐ」仕組みを構築していくことが求められます。「お金が苦手」なんて言っているようでは話にならないのです。お金と向き合うことは地域活性化の基本の「き」です。

## ☑ 本当に必要なものは必ず事業になる

「必要なことなのに誰も理解してくれず、事業にならない」という話を聞くことがあります。私自身、自分が考えて地域のためにしていることにきちんとみんなが対価を支払ってくれないと憤っていた時もありました。しかし考えてみると、それは単なる身勝手な考え方でした。

実際のところ、みんなが口では必要と言っていても、心の中ではお金を払ってまで欲しいわけではないものはたくさんあります。本当に必要なものに対しては、人はどうにかしてでもお金を払うものです。例えば身近な話でいえば、携帯電話。それぞれ1ヶ月に数千円から1

万円以上という決して安くない使用料を支払っています。ですが、地域での取り組みに対して月に1000円支払うのは嫌だというのはよくある話です。つまり、そのような地域での取り組みは、多くの人にとっては必要ないと思われているのです。

逆に言えば、みんなが必要とするものを提供すれば、金額の大小はあっても対価を支払ってくれて事業性が生まれるはずです。

重要なのは「無料か有料か」ではなく、「誰かが必要としているか、していないか」です。地域での課題解決は、この現実と向き合い、人が利用するものとしないもの、有料のものと無料のものを組み合わせて事業を設計することです。そこでは、お金をとるのが悪いことという思い込みも、無料ならみんなが喜ぶだろうという過信も必要ありません。そして、稼ぐことにきちんと向き合えば、本当にみんなが必要としているものが見えてきて、安直に税金を使うこと以上の解決策を生み出す知恵も出てきます。

## ☑ 目の前にいる人にとって価値のあることをやろう

稼ぐためには、明確な「誰か」を意識した取り組みからスタートすることが大切です。いきなり地域の人たち全員を対象にすることは到底できません。当然、誰かを明確なターゲットにすれば、他の誰かをカバーできないことにもなりますが、地域全体を対象にしてしまうと、必要なことと対価の構造が複雑になりすぎて、最初から思考が追いつかなくなるからです。

「10人だけをターゲットにしたら、他の90人はどうなるんだ」といった質問をする人がいます。しかし、10人を対象にした取り組みもできない人が100人を対象にすることは無理な話です。まずは10人から始め、徐々に上乗せし、結果100人を目指す。もしくは、10人が関心を持つものを10種類用意して、合計100人を目指すのが合

理的です。

　また、対象が全く別のことを望んでいる場合も十分にありえます。であれば、複数の取り組みを行えばよいです。最初に出されていた要望も3年したら飽きられて、誰も必要ではないことになるかもしれません。ですから、徐々に改善していき、カバー範囲を広げていくのが賢いです。

　地域内の明確な誰かのためにしっかりとした取り組みを進め、対価を支払うに値するだけのことが実現できれば、地域内でお金が回り始めます。その事業で少しでも利益を残すことが継続するための原則です。利益が出るということは、付加価値のついた経済が地域で回り始めている証拠です。しかも、その取り組みが地域の課題解決や環境改善につながっているなら、地域の経済が動くと同時に、課題解決にも向かっていることになる。それがたとえ小さな一歩でも、実績を上げることで地域の人たちの見る目は変わっていくでしょう。

　お金と向き合うことなしに地域を良くすることは不可能です。

**木下斉『稼ぐまちが地方を変える』NHK出版 2015**

　手前味噌であるが、地域が活性化していく上で、なぜ事業が大切なのか、その背景を私自身の失敗や国内外の事例をもとにまとめている。補助金に依存するとどうなるのか、みんなの意見ばかりきいているとどうなるのか、改めて考えてもらうための一冊。

# 第 2 章

## 実践編
-PROCESS-

# 1 | 成長プロセスのイメージ

　地域での取り組みを推進する上で、何の事業経験もない中、いきなり成功を収めるようなマネジメント能力を身につけようというのは、ほぼ不可能です。

　しかし、様々な地域の成功事例を見ると、自分の地域でも同じことをやりたいと思い立つものです。そして、見よう見まねで劣化コピーを地元に作り、失敗します。

　その主原因は、環境が違うからではなく、事業を実施する「自分たちの能力・経験」が不足しているからです。成功している地域は事業を仕掛けているチームの知識と経験、取り組み方が優れています。

　成功事例はそのチームがその地域の条件を踏まえ、課題を突破して生み出した「結果」にすぎません。他の地域でも、そのチームが行ったような困難を乗り越えるプロセスを同じようにやらなくてはならず、「結果」だけを真似しようとしても失敗します。

　つまり、自分たちの地域でも成果を生み出すためには、事業を仕掛ける自分たちの力量を上げなくてはなりません。

　本章では、地域で事業を立ち上げ運営する人材になる上で、経験するプロセスを整理します。

　地域で事業を開発し、成果を収めている私の仲間のキャリアをみても、一朝一夕に事業開発の能力を身につけた人は一人としていません。小さな活動からスタートし、様々なことに挑戦して数々の失敗と一部の成功を積み重ねながら、自分なりの方法論を徐々に身につけています。それぞれの事業には共通点もありますが、方法については個々の違いがあります。

てっとり早く成功する方法なんて存在せず、それぞれのプロセスを踏んでいく中で自分なりの方法論を見つけていくしかありません。正解はないのです。

　ただし、闇雲に経験だけを積んでもなかなか成長に結びつかないことも確かです。地域での活動経験がゼロの状態で、いきなり事業開発から入るのはかなり無理があります。やはり「活動」段階をいくらか経験し、そこで成果を収めた上で、より利益課題とも向き合う「事業」へとステップアップしていくのが王道です。

　そして、このようなプロセスを経ることで、なぜ地域活性化において事業性が重要であるかも本質的に理解するようになっていきます。また、プロジェクトにメンバーの一人として参加する場合と、自分がマネジャーとして他の人を率いて事業に取り組む場合とでは大きな違いがあることも、経験しながら理解をすることができます。

　本章では、そのような立場の違いを明確にし、地域に初めて関わるところから、自らが主導した事業を牽引するまでの成長プロセスに分解して解説していきます。

## 2 | 成長プロセスの基本ステップ

　地域でプロジェクトに関与していくプロセスには様々なパターンがあります。順番にステップを踏んで進んでいく場合もあれば、いきなり自らが責任をもって進めていかなければならない場合もあります。

　ここでは、地域に関与する時に考えられる8つのステップを設定し、それぞれ解説していきます。

**属性**（活動 or 事業）× **時間軸**（単発 or 継続）× **責任**（メンバー or マネジャー）

|  | 単発活動 | 継続活動 | 単発事業 | 継続事業 |
|---|---|---|---|---|
| メンバー | 1 | 3 | 5 | 7 |
| マネジャー | 2 | 4 | 6 | 8 |

　どこからスタートするかは個人によりますが、基本的には1から8の順番に経験を積んでいくことが多いと思います。

　私自身はメンバーの一人として2年ほどまちづくり活動に参加していました。その後、全国商店街の共同出資会社が設立され、活動から事業への変化を一気に迫られました。いきなり活動メンバーの一人から、継続事業のマネジャーとしての役目を果たさなくてはならないことになりました。3→8に変化したわけです。

　しかし、3年ほどは全くうまくいきませんでした。自由な立場で活動をしていた時はうまくいっていたのに、事業を自ら責任をもって行う立場になったら、あまりの違いに混乱し、何をやっていいかさえわからなくなってしまったのです。このように一足飛びにステージを上

がり過ぎるのも、困難がつきまとうものです。その後はどうにか自分なりのスタイルを確立できるようになり、今に至っています。

これから取り組む方は、闇雲に活動段階やメンバーとして取り組むことに時間を費やす必要はないですが、徐々にギアを上げていくのがよいと思います。

このステップには、上下関係があるわけではありません。それぞれの役割があってこそ、地域での活動や事業は成立しています。だからこそ、一通り経験した上で、自身の取り組みの局面に応じて使い分けられるようにしておくことが効果的です。私の場合、責任をもって事業を統括することが多いですが、活動メンバーとして関与しているプロジェクトもあります。

64-65頁の表は、それぞれのステップの概要と意識すべき点についてまとめたものです。

もちろん、成長のスピードは人によって異なりますので、それぞれのペースや順番で進めればよいと思います。

また、これらのステップは同時並行的に進んでいくこともあります。継続事業のマネジャーをしながら時に単発活動の一メンバーとして動くこともありますし、継続活動をしながら単発事業に取り組むことも考えられます。

あるいは、どこから手を付けていいかわからない、もしくは、なかなかうまくいかない場合、一歩ステップを戻ってみることもあってよいと思います。

私も事業をやってうまくいかない時は、活動に戻って、自分なりに調査研究をして知見をつけた上で、事業企画を組み立て直して、再挑戦することもあります。いきなりトップギアで取り組むのではなく、ローギアから段階的に上げていけばよいのです。

それでは、各ステップを追いながら整理をしていきましょう。

## 成長プロセスの基本ステップ

| | | ステップ概要 | 意識すべき点 |
|---|---|---|---|
| 活動 | ↓<br>STEP 1<br>単発活動メンバー | 単発のイベント活動などで自分なりの担当業務を遂行する段階。単に言われた業務をやるのではなく、自分から積極的に企画提案や改善策を実行することが大切。 | 単に企画を提案するだけでなく、提案したことを実行する力を身につける。ここでの経験が後の事業段階に向けた営業力の礎になるため、下働きだと割り切らずにしっかり取り組もう。 |
| | ↓<br>STEP 2<br>単発活動マネジャー | 単発活動を管理する上では、「予算をかけずにできること」「予算をかけること」「予算が入ってくること」の3つを組み合わせるのが基本。そこでメンバーの分担とスケジュール管理などマネジャーとしての基礎的なスキルを開発する段階。 | 単発活動だからといって、やって終わりでは次に続かない。一つの取り組みは単発であっても、そこで集まったチームの結束を強化し、次の取り組みにつながるような終わり方ができるように工夫しよう。 |
| | ↓<br>STEP 3<br>継続活動メンバー | 継続活動については、単発活動と異なり、終わりがないだけに、常に発生する問題と向き合わなくてはならない。自分の仕事、プライベートとのバランスを含めて、継続的な取り組みに参加できるペースを作る段階。 | 現場を動かしていくメンバーとして、受動的にならず、自己目標を設定し、取り組み自体に能動的に改善提案をしていくことが求められる。また、自分の業務以外も常に意識をし、交代ができるようにしておこう。 |
| | ↓<br>STEP 4<br>継続活動マネジャー | 継続活動のマネジメントでは、常にメンバーの活動状況、予算執行状況に注意しなくてはならない。また、メンバーも入れ替わるため、担当に任せるだけではなく、業務のマニュアル化にも取り組む段階。 | 継続活動では、中だるみなどが要因で失敗してしまうことが多くなる。単に目の前の取り組みだけで予算を使って終わりではなく、事業段階へとつながるよう、メンバーと目標を共有していこう。 |

| | | ステップ概要 | 意識すべき点 |
|---|---|---|---|
| 事業 | ↓<br>STEP<br>5<br>単発事業<br>メンバー | 単発事業では、1回の企画で収支を黒字化する。その収入は予算をもらうのではなく、自分たちのサービスで稼がなくてはならない。メンバーの一人として、地域に必要な事業を支えられる営業力を高めていく段階。 | 活動と異なり、メンバーそれぞれも「稼ぐ」という意識を持たなくてはならない。自分の担当の業務だけやればよいのではなく、お金と向き合いながら、取り組みを充実させていく意識を持とう。 |
| | ↓<br>STEP<br>6<br>単発事業<br>マネジャー | 単発事業では、「事業で地域に変化を起こすこと」「事業を通じて利益を残すこと」の2つのミッションを達成する必要がある。地域のことを理解するだけでなく、マーケティングや財務などの基礎的な知識も必要になる段階。 | 単発事業のマネジメントで難しいのは、稼ぐことだけでなく、利益分配である。利益の管理や分配、再投資について、メンバーとも最初に話をつけ、次なる継続化への足がかりとしよう。 |
| | ↓<br>STEP<br>7<br>継続事業<br>メンバー | ここでは、各業務を担当して日常的に遂行しなくてはならない。事業になると、顧客を抱えることになるため、さらに大きな責任が発生する。仲良しクラブからの脱却が求められる段階。 | メンバーとはいえ、事業状況を理解できる基礎知識が求められる。継続事業の良い点は、新規企画を日々試すチャンスがあることだ。基礎的な知識を身につけ、常に事業の改善を実現していこう。 |
| | ↓<br>STEP<br>8<br>継続事業<br>マネジャー | 計画した事業に必要な資金と人材に配慮し、常にその変化を捉えたマネジメントを行う精神力と技術が必要となる。他の地域の取り組みを真似るだけでなく、自分で構想し、日本の地域が抱える普遍的な問題解決に乗り出す段階。 | 地域の課題解決を図りながら利益を確保し、さらなる課題解決に向けて再投資するサイクルの構築を意識する。ヒト・モノ・カネを蓄積し、徐々に解決できる課題難易度をあげ、地域を変化させていこう。 |

# 3 | ステップ別解説

　ここでは、各ステップにおいて何を学んだのかを整理していきます。その上で、これから各ステップを踏んでいく皆さんに推奨したい経験の積み方についても提案します。

STEP
1

**自分のウリを持って取り組みに貢献しよう**

　地域での取り組みに関与し始めた頃は、関心こそあれ、そもそも何を行えば地域で変化を生み出せるのか、地域の課題を解決できるのか、見当もつかないことが多いと思います。また、実際に取り組みに参加しても、自分が何をすればよいのかわからないことも多いでしょう。

　この時に重要なのは、わからなくても萎縮しすぎないことです。

　まずは既に自分の身についている技能で貢献することで活路を見出していきましょう。例えば、インターネットに強ければ、その技能を活用して情報発信を担当してみるといった具合です。ここで萎縮しすぎて、人の話を聞くだけの人、人の指示に従うだけの人は活動メンバーとして役に立ちません。そのスタンスに陥ると、いつまでも単発活動メンバー止まりで次のステップに進みづらくなります。

　単発活動では、イベントのように活動のゴールが見えていますので、自分の技能を活かした提案も行いやすいです。臆することなく自分でできる提案をして実践してみましょう。ここで気をつけたいことは、単なる提案で終わらせないことです。せっかく提案をしても、それを

実践する人がいなければ意味がありません。自分で提案したものは自らが実践してカタチにしてみせることが基本です。言った者の責任です。

また、地域分野の活動では、人手があり余っていることは滅多にありません。ですから、複数の業務も積極的に担いつつ、自分なりの工夫をしましょう。「あいつってデザインが強いよな」「あいつって現場で音響設備をいじれるのか」「司会をやらせたらうまいな」などと言ってもらえるように、自分なりの一芸を活かしていくのが大切です。

そして活動に参加すると、人と知り合う機会が増えていきます。名刺交換をした相手には必ずメールを一通入れる習慣を心がけましょう。これは、私自身が高校生で地域活動に関わり始めた時に最初に教わったことでもあります。

簡単なようで、意外にそれを実践している人は少数です。ですが、会った直後に一度連絡を入れておくだけで、相手の印象に残りますし、後々何かを依頼をする際などでも格段にやりとりしやすくなります。

地味な作業ですが、その作業を積み上げていくことが、のちにマネジャーとして企画を遂行していく上で大いに役立ちます。単に多くの人と名刺交換するだけでは全く意味がないことを肝に銘じてください。

また、わからないことがあればすぐに調べて、その分野の本を必ず数冊読むようにしましょう。技術編（第3章）にも書きましたが、わからないことは人に質問する前に自分で学習するのが鉄則です。すぐに何でも質問する人がいますが、自分で学習していない人の質問は的確でないことが多く、答えを聞いても本人の理解はなかなか深まりません。わからない分野であっても、4〜5冊本を読めばだいたいのことはわかります。さらに掘り下げた本を数冊読み、自分なりのレポート（ブログでもOK）を書いてアウトプットすると知識として定着しやすくなります。その上で、疑問に思ったことを人に質問するのは生

産的です。このように自分なりの知識や思考力をアップするための学習も活動メンバーとして動くなかで行うようにしましょう。

> **木下の体験談**

　私が単発活動段階で取り組んだことを、いくつか紹介します。

　当時の私のスキルは「パソコンが使える」という単純なものでした。世間一般ではウィンドウズ98がようやく出たくらいの時期でしたから、パソコン自体を使える人間が商店街分野にはあまりいませんでした。私は幸いにして、中学1年生の時に親にねだってパソコンを買ってもらっていたので、ある程度のスキルを身につけていました。イラストレーターを使ってチラシをつくったり、Wordで資料作成する、Webを立ち上げるなどの単純な技能でしたが、即戦力になることができました。

　また、初めのうちから会議に参加させてもらい、大学教授であろうと、大会社の社長であろうと、怖いもの知らずで自分で調べた内容を資料にまとめ、質問・意見をぶつけることで、学ぶことも多くありました。その様子を見て、上の人たちは面白い奴だと私を買ってくれました。萎縮して静かにしていても、何も起こりません。

## 1　ITスキルで貢献

　早稲田商店会では、毎年夏に環境まちづくりのイベントを開催していました。高校1年生の時、活動に参加してすぐに、私はチラシの作成を担当することになりました。地元の商店街に絵の上手な人がおり、その人にキャラクターなどの絵を描いてもらい、それをイラストレーターで加工して表面をつくり、裏面はプログラム内容などを配置する構成でつくりました。外注する費用もなかったため、素人仕事であり

ながら自分でつくるしかなかったのですが、とにかく自前でやってみるというのはとても貴重な経験になりました。いざとなれば自分でできるというのは、一番強い能力です。

ここでチラシをつくったことで、みんなにはパソコンで何かがつくれる人間だと認知されることになります。すると、視察見学に関する資料や買い物・食事チケットなど色々な制作物関係の依頼が多くなっていきました。小さなことですが、単発活動のメンバーとしてはとても重要な第一歩でした。

### 2 リアルな接点をつくることで貢献

単発活動としては「全国リサイクル商店街サミット」という企画にも参加しました。これは早稲田商店会から始まった環境まちづくりによる地域活性化という取り組みが、全国に波及していく中、関係者が集まる会を開催しようという話が持ち上がり、実行したものです。1999年から始まり、今日に至るまで15回開催されています。

私は当時、全国商店街のキーマンが加入するメーリングリストを運営していました。新規加入希望者を整理し、その審査を管理したり、登録作業を行ったり、議論の整理をするのが私の役回りでした。その中で、サミットの開催はオンライン上で急に持ち上がった話でした。

初対面の人同士が集まるとどうなるか心配されましたが、大いに盛り上がりました。各地で実践をする中での悩みや、うまくいくこと、いかないことを語り合い、そこから新しい事業会社を作ることや、地方でも同様の集まりを開くことが即座に決まりました。

私は得意なネットを活用し、オンラインでの議論をする場を運営する役割でメーリングリストを管理していました。しかし、それが全国ネットワークの礎となり、リアルな集まりから具体的な事業にまで発展するというダイナミクスを高校2年生の私は目の当たりにしたわけ

です。その時の経験は、今の全国での事業にも役立っています。自分ができることで貢献するうちに想像を超えることが起こるのです。

## 3 公園建設に人手で貢献

2003年に海外のまちづくり活動に参加した時、アメリカにあるKaboom！というNPOを訪問しました。Kaboom！では公園や広場を市民が自分たちでつくっていく取り組みのサポートをしており、私はニューヨーク州のアルバニーという町の新しい小学校の校庭をつくるプロジェクトに参加しました。それまで数ヶ月かけて親御さんたちが中心になり、NPOのサポートを受けながら設計してきた校庭を、土日の2日間で一気につくり上げるというものでした。

そこでは、市民、行政、民間企業（ザ・ホーム・デポというアメリカ最大の建材小売チェーン）、NPOが協力して校庭をつくり上げるということに、まず驚きました。緻密な設計図をもとに、専門的な作業はザ・ホーム・デポから派遣されたプロのサポートを受けながらつくり上げていきました。私たちも塗装などを手伝い、日曜夕方には無事に完成。そこに市長が来てスピーチをし、この学校に通うことになる子どもたちの合唱を聞いた時には大きな感動を覚えました。

ただ話を聞くだけでなく、自ら現場に飛び込むことで、実際の現場の空気感を感じることができました。何より公園というパブリックなものを自分たちでつくり上げられるのだという達成感と衝撃は未だに忘れられません。事例集などを見るのとは全く異なり、実際に現場に飛び込んで活動に参加することほど身につく知識はありません。

単発活動のメンバーとして活動する時期には、このように自分が関心をもった現場にどんどん飛び込むことも大切です。この時にいかに良い活動に関わり、良い経験を積んでおくかが、将来の自分の活躍を左右するとも言えます。

### 挑戦してみよう

この時期は、何はともあれ、筋の良さそうな取り組みにはどんどん参加し、メンバーとして活躍しましょう。まずは「質より数」が大切です。そして、その活動の中で自分なりの技能を活かした成果を残すことを心がけてください。この際、探す情報経路に気を配りつつも、最後は自分の感性で選ぶしかありません。参加する回数を重ねるにつれて、良いものとそうでないものを見分ける力が身につきます。

#### 1 まちの掃除企画

地味ではありますが、地域での取り組みでは物件掃除、公園掃除、道路掃除など掃除に関する企画がたくさんあります。これらはイベントよりも飛び込みやすい取り組みだと言えるでしょう。

例えば「グリーンバード」のように全国で展開しているNPOもありますし、地元独自の取り組みもあるでしょう。ここで地域内のネットワークに接続することで、どういった取り組みが行われているのかを探り、次のステップに参画することも可能になります。

掃除以外にも祭りなど地域内の催しに参加するのもよいですし、今は「Yahoo！ボランティア」の検索サイトなどから探る方法もあります。

#### 2 イベントのスタッフ

実際に開催されているイベントのスタッフも現場に飛び込みやすい方法の一つでしょう。

ここでは、筋の良いイベントと筋の悪いイベントをきちんと見極めたいところです。まず、コンセプト自体にセンスが感じられるか、先端的か、市場性があるかというあたりが大きな判断基準になります。

センスの良くないイベントに参加しても、たいして得るものもありませんし、自分が貢献できる余地も少ないでしょう。そのようなイベントを打っている人たちは、成果をあまり求めていません。

　また、補助金で回しているイベントも筋が悪いと考えてよいでしょう。参加者や出店者からちゃんとお金を集めて回しているイベントのほうが、企画も面白く、工夫の余地があります。関係者の筋も絶対に良いはずです。地域活性化事業の名目で補助金を使ったイベントが多発していますが、そのようなイベントに関わっても自分自身の成長にはつながりません。

　加えて、運営費が一部の人に偏って使われていないかという点にも注意してください。中には、イベントを運営する組織や一部の人間だけが儲けるために、人件費抑制を目的としてボランティアを使うという悪質な事例もあります。集められたお金が適切な運営に使われ、実際に地域に変化を生み出しているものが筋の良いイベントと言えます。

　面白い取り組みを探す方法としては、商業雑誌を見ることをおすすめします。「今このまちが熱い」といった特集で取り上げられているまちのイベントなどに参加してみると、いいネットワークに接続できると思います。それに対して、行政の地域活動事例集などから探すことはおすすめできません。

## STEP 2 　単発／活動マネジャー
### 面白い企画を立てて参加者を率いよう

　単発活動でのメンバーとして経験を積み、自分の技能を活かしながら頭角を表していくと、そのうちプロジェクトそのものを任されるようになります。これまではメンバーとして貢献してきた人も、マネジャーとなると企画そのもので自分なりの切り口を打ち出し、地域で成果を上げることが求められます。そのためには、視野をより広げる必要があります。

　単発活動の段階とはいえ、参加メンバーを動かす立場にもなるので、自分が頑張るだけでなく、目的・目標などをメンバーに伝え、共感を引き出して協力してもらう必要が出てきます。雇用関係があるわけでもない人に「ぜひこれに関わりたい」と思ってもらえることも活動段階のマネジャーには要求されます。

　そういう意味では、学校における部活動の部長や委員会の委員長的な役割が要求されるのです。学生時代にそのようなグループの長を務めた経験がある人であれば、単発活動におけるマネジャー業務は違和感なく取り組める可能性が高いでしょう。

　ただ実際の地域活動は、学生の取り組みのように同年代の集まりではありませんし、上下関係が成立しているわけでもありません。このあたりは少し勝手が違います。

　スケジュールに区切りのある単発活動の企画では、仲間を率いて出す成果の目標を定める必要があります。まだ事業レベルではありませんので、ここで大きな利益を生み出して地域に変化を起こすよりは、むしろ従来とは異なる切り口で多くの人を巻き込み、収支をしっかり守って赤字を出さずに取り組むことが目標です。欲を言えば、その取り

組み自体が地域の課題解決に対して一定の新規性をもって評価される目標を立てるのが望ましいでしょう。そこまでいけば、次のステップである継続活動への自信も生まれてくるのではないかと思います。

　一方で、地域活動のメンバーとしては素直でいい人だったけれども、いざマネジャーになると一気に活躍できない人もいます。そのような人の多くは、誰かのビジョンのフォロワーとして作業をこなすことは得意でも、自分自身で目標を設定したり、他人を巻き込む経験が足りないように見受けられます。

　将来的に地域での取り組みで一定のリーダーシップを発揮したいのであれば、多少無理をしてでも挑戦しなければなりません。機会が人間を育てるという側面もあるので、できるだけ早い時期にマネジメントに挑戦してみましょう。それを避けていてはステップアップができません。

　単発活動でマネジャーを務められない場合、さらに上位の活動・事業領域でのマネジャー業はあまり向いていないと考えられます。その場合には、常に活動・事業両面で、メンバーとしての経験を積んでいったほうがよいでしょう。適材適所と言われるように、人には向き・不向きがあります。自分の特性を判断するのも大切です。誰もが前にしゃしゃり出ていたら、実務が回りません。必ずしもマネジャーが偉いのではなく、メンバーとしてしっかりと活躍することも重要です。実際のところ、地域の取り組みではマネジャーよりも実務をしっかり回せる人材のほうが枯渇しているのが現状です。私自身も細かなことまで手が回らないことも多く、それぞれのプロジェクトで手助けしてくださる実務のプロの方々に助けられています。そのような人たちがいてくれるからこそ、私も自分のプロジェクトを構想し、動せるのです。

### 木下の体験談

　私が単発活動レベルでマネジャー役を任されるようになったのは、高校2年生の頃でした。一人のメンバーとして関わることが多かった中、時折、自分で提案した内容で企画を仕掛けるようになっていったのです。これには周囲の影響が大きく、私が接していた大人たちが次々と企画を提案し、みるみるうちに実現していき、それらが新聞などで取り上げられる姿を目の当たりにして、自然と自分も何か考えてやってみたいと思うようになりました。

## 1　都立農芸高校等と連携した商店街での商品販売

　私が高校2年生の頃、ようやく単発活動のマネジャーをいくつか務められるようになった時期に、都立農芸高校等と連携した商店街での商品販売の企画を進めました。

　都立農芸高校でつくられた味噌やジャムなどの加工品は、学園祭での即売会ですぐに完売してしまうほどの人気商品だと聞いて、商店街でも販売体験しませんかと提案をしました。生徒たちにとっては実際の商店街で商品を販売する良い経験にもなりますし、自分たちがつくったものを喜んでもらえる姿に立ち会う機会にもなるということで、先生方も乗り気になってくれました。

　ただこれだけではヒネリが足りない。早稲田実業高等部の商業科の友人たちに声をかけ、実際に商品の製造原価計算から、仕入れ販売をする際の粗利率の設定、販売終了後の決算作業までを彼らが行い、農業と商業という職業高校の機能を連携させた販売企画にしました。

　販売当日はあいにくの雪に見舞われましたが、ほとんどの商品が完売し、残った商品は商店街のお店に買い取ってもらって無事終了。このような学校間連携は過去に例がなく、さらに企画を仕切っていたの

が高校生の私でしたので、新聞などにも取り上げてもらいました。

　当時は、都立高校がこのような販売企画を授業の一貫として学外で行う前例はありませんでした。ですから、先生方も手弁当、生徒も授業とは別の課外活動として取り組んでいました。そこで、このような素晴らしい取り組みに都の教育委員会が理解を示さないのはおかしいと、商店街からのルートで都の教育委員会に掛け合ってみたところ、この事例が認められて商店街での商品販売体験は正式な授業の一貫となったのです。このように学校のルールまで変えられたことは、大きな副産物でした。価値のある活動が世の中のルールをも変えられるという手応えは自信にもなりました。そして、人を喜ばせることの楽しさを心から味わった、忘れがたい経験になりました。

## 2 商店街 IT 教室

　また当時は、商店街で IT 教室開講の要請が多く、私が担当して実施しました。500 円の参加費で、地域の人たち向けに、パソコンでメールの設定をしたり、デジカメで撮った写真を入れたカレンダーを作成するというプログラムでした。2～3 人の知人に手伝ってもらいながら、約 10 名の参加者を集めて開催しました。

　全く何のヒネリもないため、改めて思い返してみると笑ってしまうほどに成果のない企画でした。

　人にお願いされた企画をそのままやっても、自分が本気になれないものから得るものはあまりないと学びました。本気になれる企画ではいろいろな気づきが得られ、単発活動としてもインパクトのあるプロジェクトにできるものです。マネジャーとしての本領を発揮するには、自分が能動的な行動に出て、積極的な発想をもって提案、実行することが不可欠です。

### 挑戦してみよう

　単発活動とはいえマネジャーを任されるようになったのは、周囲からその能力や実績が認められた証拠ですから、自分の得意分野を活かしつつ、さらに企画をしていけばいいわけです。しかし、マネジャーとして取り組む内容がなかなか明確に見えてこないこともあるかもしれません。そんな時の打開策をいくつか紹介しましょう。

## 1　トークや音楽系ライブイベント

　単発活動のマネジャーとしての経験を積む上で、トークイベントやライブイベントなどは比較的実施しやすい企画です。単発活動のメンバーとしていろいろな場に参加するにつれて、様々な分野で実績を上げている人たちとの出会いも増えてきます。そのつながりを活かして、単発のトークイベントを開催するわけです。

　ただし、予算をどこからか確保して単に会いたい人を呼んで話をしてもらおうというようなレベルの低い企画ではダメです。

　まず、トークイベントは有料にすること。2000 〜 4000 円程度はお金をとって、ワンドリンクや軽食を出すようなスタイルで企画をしてみるとよいでしょう。飲食店とコラボして「ライブでジャズを聴きながら食事をする」企画もあります。有料にすると人が集まりにくくなる分、企画内容にも工夫が求められ、知恵が試されます。今はインターネットで集客を図ることもできますし、オンライン決済も可能ですので、以前に比べて手間は少なくなりました。私自身も、最近行う企画の多くを「ネットで集客＋オンライン事前決済」にしてオペレーションを軽くしています。

　単に人を呼び続けるだけで何も実践しないと全く進歩がありません。自身の活動を次の段階につなげる上で参考になるような先駆者を呼び、

関係を構築し、自分たちの取り組みにも協力してもらうくらいの野心が必要でしょう。

単発イベントでも情報を蓄積し、企画に必要な資金も稼ぎ出し、自分たちのまちでの活動に活かしていきましょう。

## 2 遊休不動産を活用したイベント

地域にある空きビルや空き家を活用した期間限定のイベントも、行いやすい活動の一つでしょう。

遊休不動産を長期にわたり事業的に活用することは、この段階のマネジャーではハードルが高いので、まずは1日限定のイベント形式をお勧めします。空きビルの複数フロアを活用して、地域内の人たちを集めたセミナー、音楽イベント、商品販売などでは、コンセプトを決めることが重要です。自然環境に配慮した内容にする、世代を限定するなど、コンセプトを決めることは、自身のマネジャーとしての特色を考える上でもよい機会になります。

1日限定のイベントであっても、多くの人たちの協力を集めつつ、収支も意識して実施する必要があります。いずれ事業的な取り組みをするための準備と考えてきちんとやりきりましょう。

## 3 DIY ワークショップ

空き家・空き店舗を活用するための補修工事を業者に発注すると、多額の費用がかかります。そのため、最近では、自分たちの手で手直しして住居や店舗にする取り組みが全国各地で行われています。「DIY ワークショップ」「セルフビルドワークショップ」などと呼ばれますが、空いている空間を手軽に利用する上で有効な取り組みです。

ただし、まちなかの空き家・空き店舗などを保有する不動産オーナーと話をした上で、建築系の学生などを集め、セルフビルドの経験

のある建築家・工務店を巻き込んだワークショップ企画を自ら主催するのは、単発企画としてはかなりレベルの高い取り組みです。まずは不動産オーナーとの関係構築を行い、その上でワークショップを開催するように、段階的に進めるのが賢明です。ワークショップが目的ではなく、あくまで不動産を変え、まちを変えるのが目的だからです。

これは、継続活動にレベルアップするためのチャレンジとして有効な取り組みにもなるでしょう。

**STEP 3**
## 自己管理しながら要領よく動こう

さて、単発活動から継続活動にシフトする段階に入ると、関わり方にも大きな変化が出てきます。

継続活動では、毎日常に何らかのタスクをこなしていくことが求められます。学生であれば学校やバイトとの兼ね合い、社会人であれば会社やプライベートとの兼ね合いも出てくるでしょう。特に地域での取り組みは、夜や土日にも行われることが少なくありません。単発活動であれば一定期間だけ集中して取り組めば終わりますが、継続活動では年間を通じて取り組まなくてはなりません。

この時に、その取り組みに覚悟を決めているか、愛着があるかということは大切です。誰かに言われて行う活動は、基本的に続きません。活動段階ですからまともな給料は支払われませんし、自分で時間をやりくりして関わらなくてはなりません。

ここでは「要領の良さ」が問われます。

「まちづくりに関わっていたら大学を留年した」「仕事をしているから関わる時間に限界がある」などと言う人がいます。厳しい言い方に

なりますが、正直、それは継続的な活動に参画する上での時間管理ができていない言い訳です。

まちづくりに関わらなくても留年する人はしますし、しない人はしません。つまり、地域での取り組みを推進する上で投入できる時間と学業のバランスを自分なりにスケジューリングできているかどうかが問われるのです。それを全く考えずにやっていては、留年もしますし、取り組み自体も中途半端になります。

仕事の場合も同じです。仕事があるから会議に毎回参加できないという話はわかりますが、だからといって取り組みに参加できない理由にはなりません。

例えば、日頃はグループウェアなどを活用することで遠隔で参加しつつ、事務的な役割を中心に担当し、月に何度か土日に参加する形で関わる方もいます。仕事の状況に合わせながら活動に継続的に関与する方法はいろいろあるのです。できない理由ではなく、できる方法を考えれば、解はあります。

「忙しいのでできませんでした」といった担当業務の放棄は、継続活動全体の活動に大きな影響を及ぼします。当然ながら、各メンバーがそのように業務を放棄するようになれば、活動自体が回らなくなります。継続活動は単発活動のようにどこかで一気に精算することが難しく、個々の遅れやミスは次々に積み上がっていくことになります。言い訳をせずに取り組める体制を自分なりにつくっていきましょう。もし、できないのであれば、関わらない方が良いです。

ここで自分なりの体制を掴んでおけば、次の事業段階への礎にもなります。

### 木下の体験談

私自身が早稲田で取り組みを始めて半年ほど経過した頃には、商店会の事務所にほぼ毎日入り浸り、様々な手伝いをするようになっていました。そこでメンバーとして関わった継続活動を2つ紹介します。

## 1 大豆トラスト my 豆腐作戦

「大豆トラスト my 豆腐作戦」は、遺伝子操作されていない減農薬国産大豆を普及させたい農家と商店会長が出会い、「商店街で大豆トラストをしよう」という話をきっかけにスタートした取り組みです。トラストとは、何らかの活動に対してみんなで共同出資したり、共同購買することで支えていく仕組みです。商店街の買い物客を巻き込んで大豆づくりをサポートしていこうというわけです。

とはいえ、自宅に豆が配られてもさすがに食べきれません。そこで、商店街の豆腐屋で豆腐にしてもらえばいいのではないか、豆腐屋のビジネスにもなり一石二鳥だという話に発展したのが、この作戦です。少しだけ割高にはなりますが、材料には安全・安心な大豆を使用していますし、目に見える農家と加工者を通じて提供されている点でも安心できます。この取り組みはメディアからもかなり注目され、ニューヨーク・タイムズも取材に来たほどでした。

私は事前予約用のチラシの作成、営業活動などに関わりました。商店街側では会長と共にチラシを各店舗に配布し、その取りまとめなどを手伝う一方で、大豆の成長状況や収穫時期などを農家の方たちに確認する作業も手伝いました。

企画から募集、豆ができるとそれを各店舗で申込者に受け渡す作業を繰り返していくという継続活動でした。年間を通して常に作業があったわけではありませんが、それまで経験していた単発イベントの

パターンとは全く違うものでした。

　この企画は利益を出す必要はありませんでしたが、事業段階に踏み込む前哨戦の経験として有益でした。継続活動になると関係組織や団体も増えますので、常に連絡を取り合う体制を維持しなければ大きなミスにもつながりかねません。そのあたりが単発活動とは大きく異なる点でした。

　残念なことに、減農薬栽培していた大豆が虫に喰われ、収穫量を確保できなくなってしまったため、取り組みは継続できなくなりました。自然を相手にするのは難しいものです。

　この頃の私は、活動の一員としての役回りが増えていく一方で、当然ながら学校の勉強時間との兼ね合いを考えなければなりませんでした。正直なところ成績は下がりましたが、もともと付属高校に進学したのは大学受験がなく、学外での取り組みに打ち込むことができるという狙いがあったからで、全く気にもしていませんでした。「二足のわらじ」で生産性の高い時間の使い方を覚えたことは、のちに複数のプロジェクトを動かしていくための訓練になったと感じています。

## 2　生ごみマイレージ

　「生ごみマイレージ」とは、空き店舗に設置した生ごみ処理機に商店街の飲食店や住民のみなさんに生ごみを持ち込んでもらって肥料化し、その肥料を用いてできた作物を生ごみを投入した人たちに還元する取り組みです。近隣のお客さんが商店会に来るきっかけづくりでもあり、また環境リサイクル率を高めるための社会実験という側面もありました。

　このプロジェクトのポイントは、生ごみを投入する時に自動秤で重量を量り、会員登録にもとづいて誰が何キロのゴミを投入したかをわかるようにした点です。この重量に応じて、できた作物を分配したわ

けです。しかしながら、作物すべてを分配してしまうと、運営費が捻出できません。そこで、半分を分配用とし、残り半分を商店会のお店で販売することで生ごみ処理機などの運営費に充てることにしました。

　生ごみは毎日投入されますので、トラブルも多発しました。機械メーカーの人とわれわれ活動チームとでその対応にあたりましたが、ごみが詰まったり遺物が混入したりすると全く肥料にならず、まちなかで腐った生ごみが単にかきまわされるだけの状態となることもありました。さらに、肥料を活用して作物を育てている畑に出向いて収穫を手伝い、その収穫物を各店舗に持っていき販売したりもしました。

　作物の収穫には労働力が必要になります。そこで、友人・知人に声をかけました。継続活動は、自分に任されたことを自分だけでこなそうとするとかなり厳しい局面があります。そんな時には、仲間を集め、みんなで作業を分担することで乗り切ることができます。

　とはいえ、このような地域の取り組みを理解した上で、しっかり取り組んでくれる仲間はそう簡単には見つかりません。取り組みの魅力を説明し、仲間に引き込むことの難しさを感じたのもこの頃です。継続活動段階になると個人の負荷が高まるため、それを分散して取り組める体制が作れない場合、辛くなり諦めてしまう人も少なくありません。休日や平日夜遅くまで作業する日が多かったため、途中で離脱するメンバーもいました。

　ルーティンワークを個人だけで抱え込まないようにする必要があります。仲間と共に複数人のチームで取り組み、お互いに作業を共有しながら進めることが、活動を継続させるコツです。

### 挑戦してみよう

## 1〉地域情報を発信する活動

　継続活動として最もポピュラーなものは、情報発信活動でしょう。地域で起きている取り組みをブログやWEBで取り上げ、認知度を高めるものです。かつてはチラシや回覧板を用いていましたが、今はインターネットを活用できますから、手間をかけることなくリアルタイムに多くの人に情報を届けることが可能です。

　きっちりとしたWEBサイトを開設する手もありますが、手元に資金がない場合には、ブログやフェイスブックを活用すれば、無料で手軽に情報発信ができます。毎日少なくとも一つは新しい情報を更新し続けることを心がけましょう。まちで起きている様々な取り組みを取材して更新する、それを継続していれば、多くの人が見てくれる媒体になる可能性が出てきます。やがて知名度が増すにつれて、そこで行う企画に対してもすぐに応募が集まるようになるでしょう。

　また、地域での取り組みを発信することは、参加メンバーのモチベーションを上げることにもつながります。自分たちの活動の蓄積が目に見えるカタチになることでやりがいが生まれるわけです。

　昔はパソコンでしか更新ができなかったことも、今ではスマートフォンで可能になりました。撮った写真をその場ですぐに発信することも簡単です。また、ツイッターを活用すれば記事の拡散も行いやすくなっています。これらのツールをうまく活用していきましょう。

　私は2003年頃から「経営からの地域再生・都市再生」というブログを書いています。このブログでは、地域の情報というよりは、私なりに調べたことや経験したことなどをもとにして、レポート形式あるいは論説形式で記事を書き続けています。自分の考えを世の中に定期

的に発信することも、自分の考えを整理し、知識を蓄積していく上で有益です。

もちろん最初はアクセス数も少ないとは思いますが、「継続は力なり」です。地域の情報を毎日必ず更新していくだけでも、数年すれば、その地域の情報に関心を持ってサイトを訪れる人は確実に増えるはずです。継続活動として根気よく取り組んでいきましょう。

### ２ 全国的な活動の輪に加わる

地域活動でも1地域だけでなく、複数地域にまたがって展開している取り組みがあります。

STEP1で紹介した「グリーンバード」もその一例ですし、コミュニティ・カレッジの「シブヤ大学」も姉妹校が全国にあり、別府での温泉関係企画である「オンパク」も各地で取り組まれています。北九州から始まった「リノベーションスクール」も近年、各地で開催されています。テクノロジーと地域をクロスさせた「code for Japan」の取り組みも広がっています。

その他、各地に展開してはいなくても、全国から注目を集めている継続活動は様々あり、最近ではネットメディアなどで活発に紹介されています。また海外には、さらに大きな成果を上げる取り組みは多く存在しています。個人的には海外に赴き、短期で良いので活動に参加してみると、見えるものが大きく変わります。

自分がどのような切り口から地域に関わりたいかわからない場合には、地域の予算頼みのセンスのない活動に関わるよりは、まずは全国的な活動の輪に関わり、経験を積んでみるほうが、その後の広がりが大きくなると思います。

### 3 「勉強会＋実践」のセットで取り組む

　継続活動となるような取り組みを仕掛ける上で、勉強会を開くことは有益です。ただし、ただ勉強会ばかりしていてもまちは何も変わりませんので、勉強会と実践をセットで取り組むのがベストです。そこで、勉強会は有料で開催し、その参加費から貯めた資金で実践を行うようにします。こうすれば補助金は要りません。

　勉強会を開くにあたって、まずはインターネットや書籍などから情報を集め、自分たちの取り組みの参考になる本をみんなで読み、議論をする「輪読」形式で行います。地味ですがとても勉強になります。

　そして、必ずアウトプット（実践すること）を忘れずに。月に2回程度、四半期で6回程度の勉強会をしたら、1回はその中で得られた内容を単発活動形式でも良いので実践しましょう。そうすれば、年間では4回実践することになり、これを繰り返すことで、知見も増え、経験も蓄積していきます。

　これが実現できれば、トレーニング型の継続活動として大変有意義な取り組みになります。地域にとっては常に新たな取り組みが生まれ、その中で成果が大きかったものを継続活動へと進化させていけば良いわけです。トライ・アンド・エラーを繰り返す中で、地域に必要な取り組みの核となる要素が見え、中心的なチームが構成されます。

## STEP 4 変化にも対応できる継続力を養おう

　継続活動のマネジャークラスに到達すると、地域における問題を構造的に見極める力も身についてきます。活動レベルの取り組みでは限

界があるので、そろそろ継続して利益を生む事業的なアプローチの必要性を感じ始めている頃でしょう。

継続活動のマネジャーになって苦心するのは、スケジュールを守りながら、常にメンバーを確保し続けなければならないことです。すなわち、活動の継続性を保ち、さらには長期的な成長へとつなげていく重大な責任を負うことになります。

継続活動には、時間的に明確なゴールがありません。常に順調に進んでいくこともまずありません。バイオリズムのように、盛り上がる時期と盛り下がる時期を繰り返すものです。一つの問題をクリアしたと思えば、次なる課題が発生する、その繰り返しです。そのため、マネジャーは不確実性に対するストレスを常に抱えますが、一貫した姿勢で取り組みを継続しながら、少しでも成長を実感できた時、その楽しさがやりがいにもなります。

## ☑ 計画を常に修正し続ける

継続活動は、事前に計画しつつも、実行しながら常にその計画を変更していく必要があります。先の話はわからないものですから、長期計画に労力をかけすぎるのは無意味です。ざっくりと1年先くらいの到達目標を整理し、タスクと担当者、スケジュールを明確にする程度で十分です。厳密なプロジェクトであればガントチャートをつくるところまで考える必要があるかもしれませんが、活動段階ではエクセルを活用して整理する程度で構いません。計画を実行に移せば、そこで新たな可能性が見えてきてさらにやりたいことが出てくることもあれば、予想外に困難な壁が現れることもあります。

また、メンバーが途中離脱してしまう緊急事態も起こりえます。それぞれの段階でどんどん計画を修正していくことが基本です。

重要なのは、やりたいことが増えた際に、当初の計画のうちの何か

をやめるという決断です。人材にしても資金にしても限りがあるので、やりたいことを増加させると、最終的にはどれもできなかったということにもなりかねません。何事もトレードオフです。

また、計画どおりに取り組みが進まないのは当たり前のことなので、一喜一憂せず、常に変化があることを前提に取り組みましょう。とはいえ、私も自分の思いどおりにならないと腹が立つことは多々あります。そういう時は、仲間と悩んでも仕方ないので、一旦は寝て忘れることにしています。なるようになる、そのくらいに構えれば良いです。

## ☑ 継続することを目的にしない

最後に気をつけるべきことは、「継続すること自体が目的になっていないか」です。

継続することが目的になると、地域で何をどう変えて良くしようとしているのかという肝心な観点が希薄になってしまう恐れがあります。特にマネジャーは内向きなマネジメントと共に、チーム全体が地域に対してどのような成果を生み出そうとしているのかという外向きのマネジメントも大切です。

また、意味がない取り組みは止める覚悟も必要になります。単に継続することだけを目的にしてしまい、取り組み自体が保守的になれば、地域は全く良くなりません。もともと改革派であったはずのチームが、活動をしているうちに保守的になり、他のチームの活動の邪魔をしたり、自分たちを通せといった悪質な門番のような存在となることも少なくありません。

地域では常に変化が求められますから、単に取り組みが継続すれば良いというわけではありません。地域にとって必要がなくなればその取り組みをすみやかに止めることも時には必要です。始める決断だけでなく、止める決断を下すことも、マネジャーに課せられた仕事です。

**木下の体験談**

## 1 メーリングリスト / WEB 管理運営 re-net

　私が初めてマネジャーとして関わった継続活動は、メーリングリストと外部向けの公式 WEB サイトの管理運営で、1996 年に始めた早稲田商店会での取り組みでした。前任者からの引き継ぎも大してないままに引き受けることになりました。

　地域での取り組みにおいて、専従スタッフだけで推進できることはごく稀です。大多数は本業を別に持ちながら地域での取り組みに協力しています。ですから、細かいことで毎回会議をしていては切りがありませんし、会議に全員が集まることも稀です。そこで、早稲田での取り組みでは、96 年からインターネットで打ち合わせを行う方法を採用していました。

　しかし当時、この分野でのインターネット活用はまだ未発達で、参加メンバーには年配の方が多く、パソコンの操作自体ができない人たちばかりでした。電話と FAX が全盛期でしたから、「メール送ったけど届いてる？」と電話をしてくる人がいたり、「メーリングリストに流れているメールを全部 FAX で送ってほしい」と言う人もいる始末。

　私は、取り組み本体のメーリングリストと個別プロジェクトに分けたメーリングリストとを明確に分離して管理するところから始めました。そうすることで、例えば法律に関する政策議論が出てきた場合、詳細については関連するメンバーを集めた個別プロジェクト用のメーリングリストのみに送信し、議論結果だけをまとめた最小限の要約を本体のメーリングリストに転送することで、必要な人に必要な情報が送られるようにしました。また、各人が異なるメールソフトで確認するしかなかった配信情報を WEB からも閲覧できるサービスに置き換

えることで、機能性を高めていきました。

　99年頃からは、全国から視察に来る人が急増しました。そこで、その中から選抜した人を新たな活動メンバーとして迎え入れることにし、メーリングリストにも追加していきました。メーリングリストには全国各地のノウハウが集まり、発信されました。私がマネジメントをしていた2000年には参加者が約170名にまで増加しました。

　このメーリングリストの発展により早稲田での取り組みだけでなく、全国各地の取り組みも次々と加速し始めました。メーリングリスト上で、各地の商店街と協力できるようになっていきました。

　公式WEBサイトも最初は単なる情報発信サイトでしたが、一般の人からの情報を集める参加型の要素を取り入れていきました。早稲田の取り組みではVCOMという学術系プロジェクトのサーバー領域を使っていましたが、そのプロジェクトに参加する団体からは様々なことを教わり、実践に活かしました。

　この取り組みで得られたインターネットでのつながりは、やがて「リサイクル商店街サミット」という集まりへと発展し、共同出資会社の設立にまで大きく成長します。私自身もこの取り組みを通して全国各地のキーマンと知り合いになり、ついには会社経営にまで巻き込まれることになりました。

　継続活動から事業的な取り組みに発展する時のダイナミックな展開は、活動に参加してから1〜2年目にかけて起きました。参加してからわずかな期間に、単発活動のメンバーの立場から、一気に全国区のプラットフォームのマネジメントを任されることになったのはラッキーでした。様々なチャンスは現場にあります。重責に臆することなく、依頼はどんどん引き受けることをおすすめします。

## 2 破壊され、赤字になったリサイクルマシーン

一方で、成果を残すことができなかった事例もあります。

早稲田での取り組みの経験を踏まえて、地域でのリサイクル活動を拡大したいと考えた私は、大学・高校学内にリサイクルマシーンを導入し、管理していく取り組みを思いつきました。何しろ、3万人の学生がいる早稲田大学での回収が進めば、より一層エコなまちになるだろうという目論見があったのです。

そんな折、コカ・コーラ社がリサイクルマシーンの開発に取り組んでおり、その設置場所を探しているという話を聞きました。大学は規模が大きすぎるため、まずは私が通っていた付属高校で試すことになりました。その管理運用を目的とした環境プロジェクトを発足して仲間を募り、教務の先生たちとマシーンの設置を推進したのです。

このリサイクルマシーンは、空き缶・ペットボトルを投入すると、デポジット金(販売時に商品価格に上乗せされた預かり金)の10円が返ってくるという仕組みでした。当時、デポジット制はドイツなどで導入が進んでおり、日本でも模索されはじめていたのです。

しかしながら、これがアダになりました。販売数に比べてリサイクルマシーンへの投入数が明らかに多かったのです。原因は簡単な話で、心ない学生たちが10円目当てに周辺のゴミ箱などを漁り、投入していたのです。10缶で100円ですから、貧乏高校生にとっては割の良い収入だったのでしょう。

対策として販売した缶だけを識別するバーコード認識システムを導入しましたが、今度はその機械が破壊されたのです。高校生の恐ろしい欲です。残念ながら、その事件が原因でデポジット制のリサイクルマシーンは撤去され、普通の回収機に取り替えられることになりました。

良かれと思ってみんなで進めた取り組みが、いつもうまくいくとは限りません。自分では全く想像もつかないような行動に出る人もいることを前提に物事を考えなくてはならないという現実を思い知ったのです。

### 挑戦してみよう

　継続活動のマネジメントは単発活動に比べ極めて難しくなります。事業性のある取り組みではない分、チームの求心力を維持するのが困難なため、運営面でかなりの工夫が求められます。全国的に見ても、継続的な活動で大きな成果を上げている事例はあまり多くありません。

## 1〉地域体験企画の運営

　昨今増加しているのは、地域での体験企画です。月1回あるいはシーズンを決めて、地元の子供たちや観光客向けに開催する体験型企画です。地元の特徴を活かした企画を組み立て、それを継続的に実施することは、今後の事業の種を見つける上でも有効です。

　例えば、山梨でのワインツーリズム企画は毎年開催される継続活動の一つです。最初は有志でスタートした企画ですが、地元を回遊しながらワイン醸造場を訪ね、ワインを楽しむツアーは人気があります。

　また、民間による取り組み事例としては、徳島の「ひょっこりひょうたん島ツアー」があります。徳島市中心部を囲っている川を船でぐるっと巡るツアーで、当初は川に関心を持ってもらうことを目的にスタートしました。その後、観光客も含めて乗船客も増加し、地元の銀行が船を協賛提供するなど連携の輪が広がっています。さらに、吉野川でイベントを開催するなど複合的な取り組みも実施されて、地域での継続的活動としては極めて独自性の強い事例です。

## 2⟩ 営業先回りの地域ブランディング

　地域の特産品や新規商品の開発に熱心に取り組んでいる事業者の中には、単に補助金目当てで開発し、それで満足している例も少なくありません。また、結局のところ昔ながらの特産品と変わり映えせず、付加価値の低いものを開発しているにすぎない事例も見られます。

　このような傾向を打破するためには、地域ブランディングを継続的に行うことが有効です。

　その一例に、沖縄県石垣市での「石垣島スパイスマーケット」があります。石垣市は観光客も多数訪れるものの、ちんすこうなど昔ながらのおみやげ品しかなく、薄利多売で、実際は沖縄本島で生産している商品が多い実状がありました。そのような状況を一気に変えようと、地元の若い事業者たちが蜂起して始めた取り組みです。

　ここから、ご当地ラー油ブームの火付け役となったペンギン食堂の「石垣島ラー油」が生まれ、Tilla Earthというジュエリーブランドが伊勢丹新宿本店、そして銀座に出店するなど発展を遂げています。また、島内にも直営のセレクトショップを開設し、石垣島の経済に影響を与えています。今では「株式会社石垣島スパイスマーケット」が設立され、継続事業へとステップアップしています。

　このように継続活動から成果を上げ、事業へとシフトすることも可能です。単なる予算目的ではなく、独自の地域ブランディングを目指して地元事業者が投資する活動は有効な取り組みと言えるでしょう。

## 3⟩ 公民連携による社会実験

　さらに難易度の高い継続活動に、公民連携型の活動があります。公共が所有する資産、公園、道路、学校、河川、港湾を活用して、継続

的な企画を展開する取り組みです。

　例えば、大阪市では「水都大阪」があります。河川をより多くの市民に活用してもらえるようにと市民と市が立ち上がり、スタートしました。堤防で隠れていた暗いビルをリノベーションし、川に開いたオープンカフェにするなど河川沿いの魅力を高め、さらに河川を活用した観光企画などを実施することで、水辺を利用した取り組みが一気に増加しています。

　このように公共資産を活用してまずは活動から開始し、周辺地域に経済効果を生み出す事例もあります。公共資産活用を最初から収益化することは、国や自治体との手続きなどでハードルが高く、簡単にうまくいくものではありません。最初は社会実験などの継続活動からスタートし、その上で事業化する道を考えることをおすすめします。

## STEP 5　単発／事業メンバー
## 稼ぐための営業力を身につけよう

　いよいよ事業として取り組む段階に入ります。

　活動段階において「単発/継続」という2段階、さらにプロジェクトにおける「メンバー/マネジャー」という2段階を経ることで、様々な経験を積んできていると思います。特に、地域に必要な取り組みを実施するための資金を自ら稼ぎ出していくことが極めて大切なことを実感しているはずです。

　行政を含めて特定の組織や個人からの資金を頼りに取り組みを進めているようでは、資金提供者の都合によって取り組みがストップしてしまうこともあり得ます。そのような取り組みでは、極めて限られた効果しか得られません。地域に必要な取り組みをしっかり提供し続け

るためにも、取り組みを通じて資金を稼ぎ出す仕掛け、つまり「事業性」が求められるのです。

ここで注意したいのは、稼ぎ出すことが目的ではないということです。あくまで手段として稼ぎ出すことを身につけてください。

私の場合、活動段階を高校1年生から約2年半経験した後、事業として地域での取り組みに向き合いました。その際、ビジネス分野の人からは「地域の取り組みで稼げるはずがない」と言われ、非営利分野の人からは「地域の取り組みで稼ぐなんて外道だ」と言われました。最近でこそかなり減りましたが、未だにこの板挟み構造は存在しています。さらに、一緒に活動を推進していた仲間の一部からは「金儲けに走った」と言われたり、地方の重鎮からは「あんな若造に何ができる」と言われたことも日常茶飯事でした。

地域課題を事業で解決することは、決してかっこ良くきれいにできることではありません。むしろ、事業を形にするためには、まわりから批判されるようなことでも、やらなくてはならないことを率先してやらなくてはなりません。

一定の事業開発能力が身につけば、企画書を書いて行政予算を求めるところから始めるのではなく、自分たちで資金を出し合うところから事業をスタートできます。さらに、その事業で利益を生み出して、次なる事業の資金を稼ぎ出す仕組みをつくれるようになれば、地域に必要なことを次々に仕掛けられます。

まずは比較的難易度の低い単発事業から着手してみましょう。とはいえ、それまでは予算などに依存していた取り組みを、自ら稼げるように変えるのはそう簡単にいくものではありません。

時にはチーム内に亀裂が入ることもありますので、活動段階のチームのまま事業段階に入ることができるとは限りません。そんな場合には、新たな仲間を探す必要も出てきます。

また、事業になると対価を受け取ることになるので、誰から何を通じていくらもらうのかというシビアなマーケティングと向き合わなくてはなりません。どんなに人が集まったとしても、対価を支払うに値しないと思われるようであれば、事業として失敗です。

　限られた予算を使うだけで稼ぐことを考えなくてよい「活動」とは異なり、「事業」段階では全体の収支を意識し、黒字を目指して稼がなくてはなりません。

　私の場合は、活動から事業に変えるのに2年ほどを要しました。地域にとってプラスになること、注目されることは実現できても、その取り組みがしっかりとした価値を生み出し、継続可能な状況を生み出すのは、とても難しく、とにかく試行錯誤を繰り返しながら、頭の中の構造を少しずつ変えていく必要があります。それは、自転車に乗る時と同じような話です。何度も転びながらも繰り返し練習しているうちに乗れるようになるように、やがては意識せずともこの点を考えて柔軟に事業を推進できるようになっていきます。

### 木下の体験談

　地域の地産地消を促進するイベントも、事業段階に入ると黒字にするための工夫が必要になります。物販だけでなく飲食事業も入れて稼げるようにします。

　地元でとれたじゃがいもをそのまま販売すれば1個100円で売るのは難しいですが、調理すれば200円でも売れる可能性が出てきます。このように、活動段階では生産者だけを連れてくることに目が向いていた思考回路に変化が現れます。当日来場する顧客に目が向きはじめるのです。「どのように告知をするか」「どのように喜んでもらえば相当の対価を出してもらえるのか」といったことを考えるようになりま

す。そこで消費量を増やすことができれば、結果的には生産者にとっても大きな事業機会になりますし、目的である地産地消促進にもつながります。

## 1 大玉村の米販売

　福島県大玉村のお米を販売するという単発事業を行ったことがあります。当時、大玉村のお米は天皇陛下への献上米になったお米でした。ちょうどその頃商店会では、安いものばかり売るのではなく、しっかりと目利きしたものを売ろうと話しており、地方振興と地元商店会の活性化を併せた目的で事業として取り組むことになったのです。

　ところが、このお米は3kgで約4000円以上とかなり高額でした。商店会加盟店での予約販売にして仲間内では売れたものの、それだけでは売り切れません。まちのお店では5kgで2000円もしないお米が売られていますし、その横で案内をしてもなかなか売れないのは当たり前です。このままでは売れ残り、大赤字という状況でした。

　そんな時、商店会にある小規模スーパーの店長を務めていた早稲田商店会会長の息子さんから「小分けにして売ろう」という提案が出たのです。1合、2合単位で小分けにして数百円で売れば、「今晩だけはおいしいお米を試しに食べてみようかしらね」とお客様が決断しやすくなるわけです。これが大ヒットとなり、一気に売れました。

　「地域活性化になるから」という理由で商品を買ってくれる人は少数派です。ですから、マーケティングの視点が必要になります。プライシング（値付け）をきちんと意識して行うと、売りにくいものでも売りやすくなります。ただ安売りをする必要はなく、その値付けにあった量で提供するといった事業意識が求められるのです。

　この時に学んだのはまさに営業の視点でした。誰に、どのような価格で、どのようにして販売するのかがクリアになれば、営業もしやす

くなります。

　このように自分の力だけでは解決できない状況に陥った際、まわりの人たちの提案で乗り切れた経験が数多くあります。その過程からしっかり学ぶことができれば、次に同じような状況に見舞われた時には、自分なりに解決策を生み出せるようになります。

## 2 リサイクルデザインコンテスト

　私が単発事業のメンバーとして味わった苦い経験の一つに、「リサイクルデザインコンテスト」があります。リサイクル素材でつくられた商品のデザインコンテストをインターネット上で開催し、上位にランキングされたものを実際に商品化して販売する企画です。着想こそ悪くありませんが、事業を推進する過程で大変揉めて、結局は何の儲けも出せませんでした。事業的な側面から見れば、商品デザインをしてくれるデザイナーを集める営業計画がずさんでした。例えば、ネット上にデザイン案をアップしてもらいたいのですが、わざわざデザインを考え、アップしてくれる人にアプローチしなくてはなりませんし、さらには自分のデザインをアップしたいと思わせなくてはなりません。今思い返してみると、デザイン系の専門学校と組むといった事前準備をしておくべきでした。

　さらに、販売する方法についてもネット販売だけでは弱く、もともと売る力が衰えていた商店会でも不十分です。他の販売網もいくつか考えておく必要があったわけですが、その点も疎かだったと言わざるをえません。

　結局は企画を持ち込んだ方が見つけてきた補助金制度を活用して実行することになり、採算性への意識も低下。結果、事業としては全く鳴かず飛ばず。補助金事業ということで損は最小限で済みましたが、取り組んだ意味は全くありませんでした。それは他人から持ち込まれ

た企画に対して経営的な視点できちんと精査をして、修正すべき内容や事前準備を検討しなかったことが問題でした。

加えて、補助金に依存してしまったことも反省すべき点です。みんなが収支を楽観視するようになり、使わなくてもよい経費を計上したり、単価計算が上がってしまったりと、地に足の着かない事業になってしまいました。

また、企画提案してきた方との間で予算の割り振りを明確に考えていなかったことも失敗の要因です。2社間で別途契約書で締結することなく進めてしまったために、結局は大半の利益を先方がとることになってしまいました。事業自体も鳴かず飛ばずで終わったために、商店会に利益はありませんでした。

この経験から、補助金の活用をセットにして提案してくる事業者と組んだ場合には、事業そのものよりも予算申請やその進捗報告などに手間をとられて、事業本体で稼ぐことに対する意識が希薄になってしまうことを痛感しました。実際には、真っ当に事業で稼ぎ利益を出すほうが、地域としての取り組みも面白くなりますし、事業性も高まります。

さらに、事業においては契約関係を明確化し、契約書で明文化しておくことが必須です。そうしておかなければ、お互いに気持ち悪いままに別れることにもなりかねません。

今考えれば当たり前のことですが、まだ事業経験のなかった私にとっては、持ち込み企画を他社と組んで展開する初めての事業でしたので、失敗だらけの苦い経験でした。

### 挑戦してみよう

単発事業において養うべきことは、営業力とマーケティングです。

活動段階とは異なり、関係者それぞれが活動自体の対価について強く意識する必要があります。

　企画提案する際にも、これまでのように「活動として地域に有益だから予算を捻出してほしい」といった話では事業は成立しません。

　重要なのは、この段階から自分の提案に稼ぐ手段をしっかり組み込むこと、そして利益を出すことです。これを身につけなければ、メンバーとして事業を支えることもできませんし、マネジャーに進むことは不可能です。

## 1〉商品販売/サービス提供企画

　私の経験でも地方物産の販売を取り上げましたが、1日限定のイベントの屋台でも軒先店舗でも構いませんので、商品販売やサービス提供の企画を立ち上げることを一度は経験しておくことをおすすめします。期間限定店舗のことを「ポップアップショップ」と言いますが、地域に必要な新しい業態を自分なりに考えて企画し、ポップアップショップとして立ち上げることは、地域活性化においては極めて重要なことです。

　1章でも紹介したように、AIAでは、北九州市立大学とタッグを組んで、2013年から「地域起業型インターンシップ・プログラム」を学生向けに実施しています。

　学生たちは複数のチームに分かれ、各チームごとにまちに必要だと考える新たな取り組みを開発、実施します。そこでは決算の責任までを学生たち自身が負っています。赤字になった場合には自分たちでバイトをしてでも返さなければなりませんし、逆に黒字になった場合には自分たちの儲けになるというように、シンプルに結果に対する責任が問われます。

　これまでで最も成果を上げたのは美容系の企画です。昼間に空いて

いるカフェをオーナーと交渉して安い賃料で使わせてもらい、メイクアップのプロの講師を招いた美容講座を開催しつつ、さらにその場に女性向けのグッズをつくっているクラフト作家たちを集めて出店料をとって販売してもらうという複合的な業態でした。その後も、学生たちはこの手の企画を変化させながら実施し、2日間で8万円ほどの利益を生み出しました。生まれて初めて考え出した企画で、まちになかった業態を生み出して黒字決算まで持っていくのだから大変立派な話です。しかも、これは特別参加した大学1年生の女子学生2名がやったのですから驚きです。年齢や経験がものを言うわけではないと感じました。

　事業段階に入ると、メンバーでも、まずは自分たちでこの手の単発事業を仕掛けることが求められます。ここでは、誰がターゲットかをきちんと把握し、仕掛けによって新規性を生み出すことが重要です。その結果が、やがて地域全体に影響を及ぼすようになります。

### 2 有料スクールやセミナーの開催

　有料スクールやセミナーの開催も始めやすい事業です。同じ物事に関心を持っている人たちを集め、みんなで学ぶ場を設けることは、サービスとして提供しやすく、しかも、地域の人たちが何に関心を持っているのかがわかりますので、人材のリスティングをする上でも役立ちます。

　まずは、自分の特技を活かしてスクールやセミナーといった勉強会を開催するのが手っ取り早いでしょう。私の場合は、先にも紹介したようにIT講座を開催しました。まちの高齢者の方々を対象にしていましたが、中学生が来たこともありましたし、地元のNPO職員や会社の経営者らも参加していました。この講座を通して様々な人たちと仲良くなったことは、その後、地域で色々なプロジェクトを仕掛ける

きっかけにもなっています。

　今は「狂犬ツアー」というセミナーを全国で行っています。2015年からスタートしましたが、すでに北海道から鹿児島まで10ヶ所で自主開催し、参加者総計は500人を超えています。これは、全国で共に「稼ぐまちづくり事業」を立ち上げる人とのネットワークづくりに役立っています。

　ここで重要なのは、まずは自分の特技をベースにスクール・セミナーの講師を務めつつ、事業性を生み出すことです。自分の知人などを巻き込んでプロデュースするやり方もあるでしょうし、まちの空きビルの一角をセミナールームにリノベーションして開講することで遊休不動産の有効活用につなげることも可能です。

　地域の人向けに行うセミナーなどは無料で開講されることも多いですが、それでは参加者がその価値を本当に認めてくれたとは言いがたい。しっかりと対価を受け取り、それによって地域内のネットワークを広げなくてはなりません。

　「シブヤ大学」のようにコミュニティカレッジ事業を民間として取り組むような発展もあり得ます。地域に様々なグループを作り、そのグループたちも事業に取り組めば、まちの変化は加速します。

　この手の単発事業にメンバーとして企画から運営まで携わることで、まちでスモールビジネスを立ち上げる基礎的な能力を養うことができます。単に小さな事業を立ち上げているように見えますが、その基礎的な能力がないと、より大きな地域全体を巻き込んだ継続事業段階に進むことは極めて困難です。まずは基本的かつシンプルな事業を地域で立ち上げる能力を身につけることが先決です。基礎的な能力が地域に対する問題意識と共に備わることで、やがては地域の課題を解決する力になりますし、さらなる成長につながります。

## STEP 6 複数事業を展開し、新たな事業モデルを創り出そう

メンバーとして単発事業の経験を積み重ねてるうちに、やがてはマネジャーとして役割を果たすべきタイミングが来ます。

### ☑ 2つの視点

単発事業のマネジャーを務めるこの段階では、2つの視点が必要です。1つ目は、地域の中で状況を見ながら複数の事業を組み合わせて展開していく視点です。地域での事業では偏った分野ばかりを攻めるのではなく、対象エリア全体を見据えて必要な事業を複数組み合わせることが求められます。

まちを一つの会社として見立てた場合には、以下の3つの要素に注目する必要があります。

1. まちへの流入増加　　2. まち内部での取引拡大　　3. まちからの流出削減

マネジャーはこれらの三位一体を意識して、事業を組み合わせなくてはなりません。つまり、複数の事業を統括しつつ、それぞれの事業の役割を確認しながら、合流させたほうが良いものを組み合わせるなど、地域での事業を俯瞰して経営することが求められるわけです。

2つ目は、新たなビジネスモデルを生み出す視点です。メンバーとして関わる場合は、従来からある単純な事業を地域でしっかりと推進し、課題解決や新たな価値を生み出すことに尽力するだけでもよいですが、マネジャークラスになると他の地域には見られない新たな事業

の開拓も求められます。

　事業の中には、既存の規制が障害になることもあります。また一見、採算がとりにくそうな事業でも、別の視点で組み立てなおせば採算ベースにのせられる事業もあります。それらの様々な挑戦がマネジャーには要求されるのです。自分の地域から事業を始め、それが他の地域にも影響を与えることは、事業の分野的発展に貢献することにもなります。その事業が他のエリアにもプラスになれば、一つの社会的役割を果たしているとも言えるでしょう。

　とはいえ、これまた「言うは易く行うは難し」です。私自身、単発事業を複数組み合わせながら、従前ではできなかった新たな事業に取り組む道筋は、最初の頃は全く見当がつきませんでした。

　事業にメンバーの一人として関わっている時には、自分が担当していることに一生懸命取り組み、その成果を最大化することだけを考えれば良いです。しかし、マネジャーとなれば事業を自分が仕掛け、なおかつメンバーを抱えてマネジメントしなければならないわけです。私も最初は、メンバーとマネジャーで、すべきことがどう違うのか、よくわかりませんでした。

　やがて、複数のプロジェクトを経験していくうちに、「力の分配」が重要だと気づきました。マネジメントしているいずれのプロジェクトでも成果を上げることが求められますから、どのプロジェクトにどれだけの時間をかけられるのか、手元にある資金をどれだけ投資できるのかを考え、実行することが重要になります。また、メンバーのモチベーションを維持することもマネジャーの大切な役割です。自分だけがやる気でもダメです。

　この力の分配方法に工夫がいります。

## ☑ 事業ポートフォリオを時間軸で考える

　事業ポートフォリオとは、事業をマッピングしたもので、バランスを考えて取り組むための枠組みを指します。例えば、すぐに開始できる事業と時間がかかる事業、投資に必要な資金が大きい事業と少ない事業、確実性が高い事業と不確実性が高い事業、といった具合に事業にもそれぞれ属性があります。その属性に沿って事業の位置づけを俯瞰して、自分たちが取り組む優先順位を決め、バランスを意識した資源配分に役立つのが、事業ポートフォリオの整理です。

　実際のところ、地域での取り組みに必要なヒト・モノ・カネは不十分なことが常ですから、大企業のように複数の事業を組み合わせることはそう簡単にはできません。そもそもポートフォリオの基本は「卵は同じかごに入れるな」と言われるように、一つの事業がおかしくなった時に他の事業に影響を与えない構造が求められます。とはいえ、個別にリソースを割り当てるのも難しいわけです。

　地域の取り組みでは、同時に複数の事業を一気に立ち上げようと欲張らずに、すぐにできる確実性の高い事業から優先することが大切です。そして、時間がかかり、リスクも高そうな事業にシフトしていきます。このように最初に何から始めて、どのようにして重層的な事業構造にしていくのかを考えます。

　さらに人材面でも、特定の人だけに依存せず、それぞれの事業を別の核となる人材にまかせることがポイントになります。私の場合、最初は確実に一緒に事業を立ち上げられる人材がいる地域でスタートしますが、そこではすでに事業を成功させている人だけでなく、まだ頼りないけれども1～2年かけて任せられるであろう可能性のある人と共に取り組みを始めることにしています。事業ができる人は時間制約も多いので、まずは全力でプロジェクトを形にしようとする若手が大

切です。これを組み合わせるのが肝です。

とはいえ、それも目算どおりにいくことはなかなかありません。全く思いもしない発展をすることもあれば、予想もしなかった破綻を迎えることもあります。ですが、打率10割なんてない、3割打てればよいと思って取り組みましょう。マネジャークラスは成果に対して責任をとるのが仕事ですから、成功と失敗に対して真摯であるべきですが、だからといって臆病になっては何もできません。このあたりは精神力が要求されますが、事業経験が長くなれば自ずと図太くなっていきますから、それほど心配する必要はないです。最初のうちはどんどん挑戦して数をこなし、自分なりのスタイルをつくりましょう。

## ☑ 新しいビジネスモデルを生み出す

どこかの地域で取り組んでいた事業を、自分たちの地域でコピーすることも決して簡単ではありません。失敗の大きな要因は、成功事例を参考にしつつも、成功した地域のように自ら努力することなく、補助金をもらうことで形だけ真似ている点が挙げられます。

例えば空き店舗を活用した事業でも、家主と交渉して家賃を下げるのではなく、家賃の一部を補助金で補填するなどして解決しています。ですが、それでは補助金が切れたら高い家賃で借りることができなくなりますから、取り組みは継続できなくなってしまいます。成功地域と同様に見えるのはあくまで補助金をもらっている間だけで、後々落とし穴が待っているのです。

私はこのような取り組みを「劣化コピー」と呼んでいます。劣化コピーではなく、ちゃんとコピーすることが第一歩ですが、それはメンバークラスで取り組むべき課題です。マネジャーとしては、自分で課題解決につながる別のビジネスモデルを生み出すことの方が重要です。

とはいえ、100％新しい事業なんて、そうそうありません。まずは、

従来できていなかった規制緩和を地元自治体などと組んで実現させる、または事業と事業もしくは事業と活動の組み合わせをアレンジしてみるといったことから、これまで地元では取り組まれていなかった事業に挑戦してみましょう。

　そのためには２つのアプローチがあります。

　１つは、国内外の過去の取り組み事例を調べて、自分なりに組み合わせてみるやり方です。もう１つは、異分野では常識だが地域分野では非常識なことを持ち込んでみるやり方です。

　単発事業の段階では、それほど複雑に考えなくても構いません。過去の事例を調べると、例えばイベント事業でも、予算に依存した事例がいかに多いかがわかります。そこで、自分なりに音楽ライブイベントとマーケットを組み合わせたり、リノベーション事業にオープンハウスを組み合わせてみると、単純な組み合わせだけでも自分なりのスタイルをつくることができます。マネジャーの視点から見れば、チームメンバーの得意な領域を組み合わせることも考えられるでしょう。

　セミナーを開催するにしても、単に一度きりで終わらせるのではなく、連続セミナーにすることも考えられます。さらに一歩進んで、その内容を当日参加できなかった人にインターネットで配信することもできるかもしれません。地域分野では未だにみんなで集会を開く形式が主流で、オンライン化はあまり進んでいないのが現状です。それは参加できない人を排除している状況とも言えるわけで、まだまだ工夫の余地があるところでしょう。会場費がかからない場所を使うことができれば、安い金額で配信しても十分に利益を上げることが可能ですし、事業のハードルはそれほど高くないはずです。

　事業段階のマネジャーには、常にこれまでとは違う新しいビジネスモデルに関心を持ち、一定のリソースを割いて挑戦し続ける姿勢が必要です。たとえ失敗しても、それは勉強代と考えましょう。いつまで

も従来と同じ予算つきの事業に取り組んでいると、新たなビジネスモデルを生み出す力はなくなり、自分で考え出す力も育ちません。そして、そのまちも変わりません。

　私自身は、少なくとも1年に一つはこれまでにやったことのない事業に投資をして、挑戦することにしています。そうしなければ、どうしても自分の得意分野や馴染みのある分野に発想が偏ってしまうからです。

> 木下の体験談

　単発事業でマネジャーとして仕掛ける取り組みは、大きく「自主事業」と「受託事業」の2つに分けられます。自主事業は自ら開発した商品・サービスを主体的に提供して地域活性化を図り、その対価を受け取る方式の事業です。それに対して、受託事業は地域活性化に関連する内容の依頼を行政や企業から受けて実施し、その対価を受け取る方式の事業です。

### 1 商店街間の流通販売事業（自主事業）

　商店街ネットワークを創業した際に自主事業として検討した事業が、商店街間の流通販売事業でした。取り組みを開始した2000年当時、楽天などが相次いで上場し、インターネットによる小売流通市場は一気に拡大しつつありました。その一方で、まちの商店街は従来どおりに「メーカー→卸→小売」というバリューチェーンの末端に位置し、どこにでも置いてあるような商品を取り扱っていました。これではどう考えてもインターネットの市場に勝てません。

　一方で、商店街の強みは実際に店舗を保有していることです。当時はAmazonなどの勢力もまだ弱く、現在のような無料配送のサービス

もまだ未成熟だったため、ネット通販には配送コストが高いという問題もありました。そこで、商店街の各店舗でとりまとめて配送できる仕組みを構築し、配送効率を高めることができないかという話が持ち上がったのです。同時に、全国にある店舗が窓口となり、各地でしか流通していない独自商品をお互いに紹介して販売することができれば、従来の流通網にはのらないような商品の取り扱いも可能になります。これにより商店街各店舗の競争力を高めるというプランでした。

プランとしては決して悪いものではなかったはずですが、当時の私は「良いプランを考えれば、必ず良いものになる」という過信をしていました。これが決定的な間違いでした。事業で重要なのは、プランより実行へのシナリオと行動力なのです。

分散している商品をある程度まとめて配送し、各店舗で販売するには、3つの工程があります。「分散している各地域の独自商品を集める」「一定量をまとめて配送する」「各店舗で確実に販売する」の3つが組み合わさることで初めてこのプランは活きてきます。

しかしながら、私はアイデアを実現するのに必要な資源の見極めができていませんでした。

これは商店街の実態を当時あまり理解していなかった点に問題があったと言えます。早稲田の商店街で「まちづくり」を通じた地域活性化に関する経験は積んでいたものの、実際の商業流通の分野に対する知識がありませんでしたし、加えて商店街ネットワークに加盟する商店街の各店舗の経営力についても知識が浅すぎました。

まず、商店街の店舗には、それぞれの地域内だけに流通している商品を選び出すことができる店舗もあれば、できない店舗もあります。ですから、この段階で加盟してもらうべき店舗を選択する必要があることに気づいていなかったのです。

さらには、分散している商品のとりまとめを各商店が手作業でする

のは非効率です。当時はパソコンさえない商店が多数を占めていましたから、インターネットに対応できる店も少数派でした。

そして何より、衰退している商店街の各店舗に「新商品を販売してほしい」と依頼したところで、いくら「良い商品」を揃えたとしても、すでにお客様がついていないお店では販売につながるはずがありません。

うまく進まない状況の中、今の営業にプラスして各店舗が取り組むだけの「利益」を明確に提示することがなかなかできず、「いくら儲かるのかがわからないことに労力は割けない」と商店の人に言われることもよくありました。確かに、ただ「売れば儲かります」と言っているだけでは誰も動きません。「商店街ネットワークはみんなでつくった会社だから、みんながまずは頑張ってくれるだろう」と勝手な期待を持っていた私が未熟だったと言わざるをえません。

いくらみんなで決めたことでも、損になると判断することには誰も尽力しません。しっかりとインセンティブを考え、しかもそれが相手にとって価値があると判断してもらえる水準でなくては提案は機能しないということを痛感させられました。

結局、その事業はうまく回らず、株主総会では糾弾されました。当時は「みんながやってくれないからだ」と理不尽に思いましたが、今思い返せば「みんなでつくったのだから失敗しても許してくれるだろう」と甘く考えていた自分に非があったとしか言いようがありません。マネジャーとしてプロジェクトを推進している人は、結果に対して責任を持つべき立場の人間であり、糾弾されてもしかたがないことです。言い訳をしない仕事が求められるのです。誰かのせいにして事態を収拾しようしているようではマネジャーとして失格だということを、この時に学びました。

地域で良いことをして褒められるメンバーの段階と、事業を自ら率いるマネジャーの段階には圧倒的な違いがあります。小さなカテゴ

リーの中で褒められて調子に乗っていた自分は、「井の中の蛙」にすぎなかったのです。

いくらアイデアがよくても、マネジャーはそれで満足していてはいけません。「ただ仲間内で盛り上がっているだけではないのか」「消費者にとって本当に価値あるものなのか」「そのアイデアを実行できるだけの資源を自分たちは持っているのか」などの問いにしっかりと向き合い、マネジメントする重大な役割を担っています。

### 2 ストリート広告（受託事業→自主事業）

2003年のことです。人の集まる通りやエリアで広告事業を展開し、地域の活性化を推進するための原資を稼ぎ出す事業を発案しました。この発案が規制緩和につながり、やがて単発事業へと発展します。

従来のビルの看板広告は、ビルオーナーが自分のビルの上に看板広告を載せることで利益を得る完全なプライベートビジネスでした。

その一方で、公道上での広告宣伝は法律で原則禁止されています。その公道上での広告宣伝をまちの活性化事業の財源創出に結びつける事業にできないかと考えたわけです。調べてみると、そのような取り組みはすでに欧米でも行われていました。日本でも検討すべきだと思い立ち、「ストリート広告」の事業をやりたいと思いました。

とはいえ、規制があるため、その変更が必要でした。そのため、中小企業庁の商業課長にメールでアポをとり、企画書を持っていきました。意外なことに、数日後にその課長から電話があり、やってみようということになったのです。

そこで、国内外の事例からそれを支えている制度的な枠組みを調べ、規制緩和を求めて中心市街地活性化に関する8府省の課長級会議に提出しました。ちょうどその頃に国土交通省がオープンカフェ事業などを展開をしていたこともあり、翌年から社会実験を実施することが認

められました。

　とはいえ、最初は自治体や警察、企業や広告代理店から相手にされませんでした。広告を出してくれる企業と地元のまちづくり会社のマッチングに何とか漕ぎつけたのですが、その掲出内容について自治体の屋外広告物審査でNGが出たり、私が調整したのにもかかわらず私の知らないうちに企業と地元まちづくり会社で事業を進めていたこともありました。それでは、事業効果の検証もできませんし、当然ながら利益も上がりません。

　しかし、一つ一つ立ち上がっていくにつれて、この手法のユニークさが伝わり、徐々に世の中に広がっていきました。売上も立つようになり、今では、日本国内のまちづくり分野における新たな事業として定着しつつあります。昨今では、全国各地でアウトオブホームメディアの取り組みとして、こういった広告事業が展開され、まちづくり会社の主要財源になっているところも少なくありません。

　AIAのパートナーエリアでも、少し発展させた形で取り組んでいます。社会実験の頃から取り組みを進めてきた札幌大通においては、今では広告だけでなく店舗も路上に設置可能になっています。また、2012年には名古屋駅地区でも取り組みを開始しました。名古屋では社会実験を広告収入で回しています。この分野はここ10年で大きく進展しました。

### 挑戦してみよう

### 1 リノベーション事業

　今ならどんなことに単発事業マネジャーとして挑戦するかと尋ねられれば、遊休不動産を活用したリノベーション事業が良いでしょう。

店を作ったり、宿を作ったり、様々なまちで今ある建物を活かせる事業の一つです。もちろん面的な展開まで実施することが理想ですが、それは継続事業レベルの取り組みになります。ですから、まずは1拠点を自分の手でプロデュースして、資産を再活用するというまちづくりの基本的な仕掛けとして取り組むところからスタートさせましょう。

特にリノベーション事業は、地域の不動産オーナーとのコネクション開拓にもなりますし、その事業実績が目に見えてわかりやすい点も大きなメリットです。リノベーション物件を転貸する場合、店舗であれば入居するテナント、住居であれば住民というように、エンドユーザーまで見えるので、地域におけるビジネスの立ち上げに関して一貫した流れをつかみやすい事業です。また、ある程度のテナント収入が見込めるので、自前で店舗をやるよりは安定しており難易度は低いです。まずは、オーナーが事業主体となって運営する施設を請け負って開発することに取り組んでみましょう。

リノベーション事業についてマネジャーとして取り組む際に意識すべき点が3つあります。

1つ目は「資金調達→投資→利益回収」を一貫した流れで経験することです。

事業をマネジメントするためには、必要な資金を調達し、投資して、その事業を通じて売上を立てて利益を確保する必要があります。資金調達で出資を受けていたら利益で配当しなくてはなりませんし、融資を受けていたら利子をつけて返済しなくてはなりません。このような一体的な経営における資金循環のイメージがあるかないかは、地域で事業を仕掛ける上で極めて大切です。

2つ目は、3章の技術編でも触れる「逆算投資」という方法を身につけることです。

昨今の事業は、すべてにおいて逆算になっています。事業計画だけ

立てて、見込みだけで投資することは、大失敗を招く原因になります。先に大筋を決めたら、リノベーションを行う拠点に入居する人たちを決定し、彼らが支払い可能な家賃を設定し、その家賃をもとに何年で投資回収するかを決めて、改修にかけられる予算を逆算します。

　３つ目は、「営業力」を鍛えることです。全体の数字の流れを理解し、投資判断をするための逆算の技術を身につけたとしても、営業力がなければプロジェクトを実現することはできません。

　大組織であれば営業の担当者がいますが、地域での取り組みではマネジャー自らが率先して営業することが求められます。私自身は「マネジャーが責任をとること＝営業を形にすること」だと思っています。自分で営業できない人がプロジェクトを率いている場合には、そのプロジェクトが失敗する確率は極めて高くなります。最終的には、数字を自分でつくれる力がマネジャーには要求されるのです。

　リノベーション事業は空間を人に提供することがゴールになりますので、まちづくり分野では比較的わかりやすい商品・サービスです。ここで真剣に営業に取り組むことで、営業の意味も理解できるでしょうし、力も養うことができるでしょう。

　実際、全国各地で行われているリノベーション事業も、営業力のある人が仕掛けている事例が成功を収めています。いくら素晴らしい理念があっても、営業できない人たちが企画をすると、失敗したり、失速してしまうものです。営業力がないことを棚に上げて、「地域が衰退していて難しい」などと言い訳することは許されません。ましてやそこで補助金に逃げてしまえば、取り組みの意味がなくなります。

　ですからこの段階ではすべての事業の基本である営業力を試すことが極めて大切です。

　営業を身につけ一度実績をつくれば、次の事業に向けた構想も膨らみます。また、目に見える実績でまわりからの評価も高まるでしょう。

地域にも明確な効果が現れますから、モチベーションも上がるはずです。加えて、逆算開発をしっかり行えば、投資回収も早い事業ですので、次のステップに進むためのベース資金も生み出せます。

### 2 期間限定の産直販売事業

今や様々な商品がインターネットで販売されており、決済もネットで行うことが可能です。物流センターも使った分だけ利用料を支払えばよかったりします。期間限定で商品を販売することもできます。12月は鍋セット、1月はお刺身セット、2月は地酒セットといった商品販売を仕掛けることができるわけです。また、事業リスクを軽減したければ、事前予約制にして、受注生産方式で、注文の分だけ販売する形式もあり得ます。

AmazonやYahoo!で簡単に商品を出品でき、単品だけで出店できるサービスも安価に使えます。昔はショッピングセンターに出店するなど、お金がないとできませんでしたが、今は小資本で高効率なビジネスが可能になっています。

ネットを活用した単発事業は立ち上げやすくなっています。まずは何でもよいので実際の販売を始めてみましょう。

## STEP 7　継続　事業メンバー
## 事業の連鎖を生み、構造問題の解決を図ろう

さあ、いよいよ継続事業の段階に入ります。活動段階とは全く異なり、単発事業と比べても、資金繰り、人繰りなどあらゆる面でより複雑化していきます。とはいえ、継続性のある事業は、地域に新たな活力を生み出す上では不可欠なものです。

私は、この10年、基本的に継続事業モデルの開発に注力しています。

　地域課題解決を図る上では、この継続事業がメインのアプローチとなることは間違いありません。地域に変化を生み出している取り組みはすべて継続性のある事業と言っても過言ではありません。逆に活動的で単発的な取り組みは成果に乏しいものです。一瞬効果があるように見える取り組みも、あくまで瞬間的なものにすぎず、その成果は継続的に維持されません。

　それに対して、継続事業は、最初の効果が見た目にはよくわからなくても、継続していく中で確実に地域に成果を残すことが可能です。

　立ち上げから継続、さらにはそこで得られた資金を新規事業へ再投資するサイクルが求められます。しかし、これもそう簡単に実現できるものではありません。失敗事例は数えきれないほど多くあります。

　継続事業に必要な能力は、事業の立ち上げ時に求められる能力と継続するプロセスの中で求められる能力の2種類があります。

## ☑ 構造問題を解決し、早く事業を立ち上げる

　継続事業は、地域が抱える構造的課題にアプローチしてこそ意味があります。

　例えば、エリア内の人材固定化の問題解決に関してアプローチする場合を考えてみましょう。

　商店街では店舗が代わり映えしないまま衰退しているエリアが数多く見受けられますし、農山漁村でも外部からの新規事業者を受け入れられずに衰退しているエリアも少なくありません。単発のイベントを開催することで一時的に集客することは可能ですが、継続的に新陳代謝が起こらないエリアは、当然ながら価値が下がります。そこには一定の新陳代謝を生み出し続ける装置が必要です。

　これを打破しようと考えた時に、例えば単発事業として1軒の空き

家をリノベーションするだけでは効果は限定的だと言えます。単に改修をして入居者とセットでオーナーに引き渡すだけでは、継続的な変化は生まれません。ですから、複数の物件をリノベーションし、それらの拠点を継続的に経営することで新たな新陳代謝を地域に生み出すところまで挑戦することが求められるのです。そこでは、自らがリスクを負いつつ継続的に経営を担う必要があります。そのような取り組みを継続する中で新たな人材を地域に引き込むことができれば、やがてはその効果が連鎖して、そのエリアに人材が定着するようになり、当初の問題解決にもつながります。

しかし、このような構造的な問題に働きかけるアプローチは、地域の様々な方から反対を受けます。例えば商業エリアなら、新陳代謝が起こることで既存事業者にとっては商売敵が増加すると見る人もいて、「そんなことやってくれるな」「客を盗られてしまった」という話は山ほど出てきます。また、住宅エリアや農山漁村でも、新たな人が外部から入ってくることを良いと思わない住民も少なくありませんから、事業の立ち上げにはプレッシャーがかかります。

とはいえ、地域の中には理解してくれる人も確実にいます。ですから、反対意見に翻弄されず、まずは信頼してくれる人を裏切らないように事業の立ち上げに尽力しましょう。ここで重要なのはスピードです。たいていの場合は、地元の人のほとんどが反対も賛成も明確に示さないサイレント層です。サイレント層の人たちは、あるカタチとして実績を目の当たりにすると一定の理解を示してくれることが多いです。中には反対派が支援者に変わることもあります。

立ち上げで失敗するのは、この時にあまりに丁寧に多くの人の意見を聞くことに時間をかけすぎて頓挫するパターンです。何事であっても構造的な問題にアプローチしなければ継続事業を行うことに意味がないのは確かですが、ここでじっくり取り組みすぎると大抵は潰され

てしまいます。私はあまり気づかれないうちに始めてしまうくらいでもよいと思って取り組んでいます。それくらいの勢いが大切です。

この段階では、一人のメンバーとして、与えられたプロジェクトをいかにスピーディに立ち上げるかを意識して展開するのがよいでしょう。年に1発の大事業を行うスタンスではなく、3ヶ月に1本打ち出すことを心がけるのです。この段階でスピーディな事業立ち上げの経験を積み重ねることは、マネジャーになった時にも大いに役立ちます。

## ☑ 細かな分業はせず、共同作業が可能な環境を維持する

事業を継続する上では、営業面よりも運営面での問題が多く発生します。継続事業は数年にわたって続くものですから、初期メンバーのまま投資回収が終わるまで事業に取り組めることはほぼありません。途中で必ず人材の交代があります。

したがって、人材が変わってもその事業が継続的に進む状況をつくり出さなくてはなりません。ここで重要なのは、一つの業務内容を積極的に他のメンバーとシェアすることです。担当の割り振りを細かくしすぎず、一つの業務をある時は自分が、ある時は別のメンバーができるようにしておく、これが基本です。こうしておけば、メンバーの入れ替えが発生した際にも困ることが少なくなります。ですから、過度に分業しないことが大切です。

ただし、誰がその業務をやるのかが不明瞭になり放置されてしまうタスク落ちの可能性も高まりますので、今週は誰、来週は誰といったように、タスクと分担については常日頃から確認が必要です。これはマネジャー側の仕事でもありますが、マネジャーがすべての細かな業務を監督するわけではありませんので、タスク一覧表で分担を常に確認することを心がけましょう。各メンバーがその癖を身につけておけば、定例会議のわずかな時間でも対応が可能になります。

業務の属人的な固定化にメリットはありません。一人で業務を抱え込んでしまったり、これこそが自分の役割と誤認して他人に仕事を渡さなかったりする人がいますが、業務を抱え込むと徐々に視野が狭まります。すると、地域が抱える構造的な問題にアプローチするという本来持ち続けるべき視点を忘れて、自分が担当する業務軸で物事を考えるようになってしまいます。各メンバーが、これ以上は自分の担当業務を増やしたくないとか、逆に自分の業務をとられたくないと言い出すと厄介です。それでは地域を変えるどころか、業務を担う自分自身が地域の変化を阻害する原因にもなりかねません。

このように、初期の立ち上げの際には外部要因による問題が多くなるのに対して、継続過程では内輪の問題が多くなります。

内輪での問題を起こさないためには、業務を客観的に捉え、過剰に情を持たないことです。業務は一時的に自分が担っているものであって、他のメンバーにいつでも代わってもらってもよいという意識で取り組むことをおすすめします。

## ☑ 営業活動は常に継続する

事業が軌道に乗り始めると、安心して営業活動を怠る人が出てきます。人間誰しも、モチベーションが変化すると安全策に陥りがちです。そうなってしまうと、新たなアプローチが疎かになり、すでに関係がある人との取り組みばかりに偏りかねません。

継続事業では常に新たな営業を続けなければ、地域への影響力を拡大していくことはできません。例えば、限られたシェア店舗を限られたお客さんで黒字で回していることに安堵してしまい、新たな営業、すなわち新しい不動産オーナーや出店希望者の開拓を怠ってしまうと、地域内での影響力は相対的に減少します。

営業も常に計画的に継続することが欠かせません。プロジェクトそ

れぞれに、加盟店舗を常に1割は新規獲得する、地権者会に新たな加盟者を月に1人は増やすといった具体的かつ計画的な目標を掲げることが求められます。

　まちづくり分野では営業の人材が不足しているのが現状です。地域での取り組みを商品・サービスであると意識し、地域内の人たちに提案することがあまり得意ではない人をよく見かけます。また、みんなの意見を聞くことはできても、自分たちが開発した取り組みを営業して形にすることが好きではない人もいます。しかし、そのままでは地域で継続事業を推進していくのは困難です。メンバーとして継続事業を支える立場になったからには、営業から目を背けてはいけません。

　事業としてのまちづくりの基本は「営業」です。立ち上げ初期に限らず、継続的に営業活動を続ける努力を怠らないようにしましょう。

## ☑ プロジェクトの連鎖を生み出す

　魅力的な店がまちに1軒できるだけで、大きな変化を生み出すことがあります。そのような変化を複数同時に起きるように仕掛けることが、継続事業の役割です。一つ一つの事業の黒字化にこだわることはもちろん大切ですが、その黒字で生み出された利益を常に再投資し続けることが、まちづくり事業での重要なポイントになります。

　とはいえ、個別のプロジェクトを動かしていくだけでも大変なことですから、複数のプロジェクトを継続的に回し続けるのは決して容易ではありません。ですが、ここで取り組みのスピードを上げられると、まちに変化を生み出しやすくなるのです。同じ取り組みばかりに固執せず、できる限り早くいくつかの事業を組み合わせて構造的な問題の解決につなげることが求められます。

　しかしながら、既存事業から得られる資金や人員には限りがあります。闇雲にプロジェクト数を増やしてしまうと、プロジェクト一つ一

つに充てられるリソースが乏しくなります。そうすると、当然ながら個々のプロジェクトが失敗する可能性も高まります。

したがって、個々のプロジェクトを同時進行するのではなく、一つのプロジェクトがある程度前に進んだら次のプロジェクトに踏み切るというように、段階的かつ重層的にプロジェクトを増やしていくことになります。もし既存事業と新規事業のバランスが崩れていると感じた際には、マネジャーと協議しましょう。

常に新しいことばかりやりたがるのではなく、既存事業をしっかり固めていき、その上で新規事業にリソースを使い、それらを黒字経営していくことを意識する必要があります。儲かっている既存事業があるからといって、ずさんな新規事業に取り組んでしまうと、経営は一気に傾くことにもなりかねません。既存事業と新規事業のバランスをうまくとりつつプロジェクトの数を増加させることが、やがては地域に大きな変化を生み出すことにつながります。

最終的な意思決定権限を持つのはマネジャーですが、継続事業ではすべての日常的な管理をマネジャーがこなすことはできません。個々のメンバーが、日頃から意識をもって解決を図っていく必要があるのです。

### 木下の体験談

#### 1 修学旅行生視察向けの販売体験プログラム

私が初めて担当した継続事業は、「修学旅行生視察向けの販売体験プログラム」でした。1999年のことです。ある中学校の修学旅行生から、大学とまちが一体となった環境まちづくりを見学したいという話が持ちかけられました。そこで、5～10人ほどのチームに分かれて、

それぞれに早稲田大学の学生をガイドとしてつける形で対応し、好評を得ました。

　その取り組みの中で「商店街での販売体験をさせてもらえないか」というリクエストがありました。しかしながら、店舗に学生が立つのは世話がやけるということで、商店主の大半が否定的でした。そんな中、そのプログラム化を任されたのが私です。

　まず、今あるお店に販売員として立ってもらうのではなく、商店街の空きスペースに1日だけの期間限定店舗を開く方式にしました。そして、そのお店に修学旅行生の地元の物産を持参してもらい、販売してもらうことにしました。すると、青森からの修学旅行生であれば、1日限定の青森物産ショップが早稲田商店会に出現することになります。こうすることで、商店会からするとタダで集客できる企画が持ち込まれることになるわけです。さらに、視察見学料として修学旅行生から1人1500円を徴収していたので、むしろお金をもらいながら企画をしてくれるという一石二鳥の事業です。ピーク時には、年5000人以上が来たため、商店会に大きな利益をもたらし、その他の事業の投資原資になっていきました。

　加えて、販売に向けた準備作業もプログラムに組み込みました。修学旅行に来る前には、生徒たち自身に地元の生産農家を訪問してもらい、東京で販売することを伝え、協力を募ってもらいます。また1日限定のお店ですから、前もって広報が必要になります。そこで、地元の信用金庫や郵便局の目立つところに生徒たちにつくってもらったポスターを貼りました。このような準備プログラムを通して、生徒たちは地元産業への理解を深めることができますし、わずかながらマーケティング経験を養うことも可能になります。

　この取り組みの中で一つの壁が現れました。販売体験で利益が出ることです。学校が絡むと壁になるのが、この「利益」という障壁です。

中には「無料で配りたい」と言う先生もいましたが、あくまで販売体験ですから、無料で配ってもらっては意味がありません。しっかりと地元から仕入れて、それ以上の金額で売ることが大切です。世の中の商業の基本を体験してもらってこそ、意味があるのです。

　その策として、利益は東京に本部を構える様々な非営利組織に寄付してもらう方式を採用しました。そこで、事前に授業の中で寄付先となる団体を調べてもらい、「どこに寄付したいか」を議論し、自分たちが決めた団体に、生徒たち自身が寄付を持っていきます。

　中学生が自分たちで稼いだ寄付金を持って来るわけですから、その団体も大変熱心に対応してくれます。生徒たちにとっては、自分たちが稼いだお金を社会のために使うことが可能なのだと知る貴重な経験になります。

　従来の販売体験は、単に商店会のお店に数時間立つだけの内容でした。それに事前学習（地域産業理解、非営利組織のネットでの検索、ポスター制作を通じたマーケティング）、当日の活動（販売体験、利益を生み出す経験）、事後学習（非営利組織への寄付を兼ねた社会活動理解、販売実績などの反省）という多角的な教育要素を組み込むことで、新たなプログラムを生み出したわけです。

　このプログラムを実施した先生方からは高い評価をいただきました。また、その先生方が各地で開催されている修学旅行プログラムの報告会で発表してくださったことで、この販売体験プログラムの需要が高まり、おかげさまで15年近く続く継続事業となっています。

　継続事業は、その時々の要望をしっかり汲み取り、壁を突破することを通じて価値が高まっていきます。つまり同じことを繰り返すのではなく、同じ事業でありながら内容や推進メンバーは変化するのが良い事業です。

　この経験から、一過性のイベントで終わってしまう企画であっても

継続的な事業につくり変えることができることを学びました。また、多くの人に気づきを与えたり、利益の一部を他の社会活動にも活かしてもらえる構造をつくり出すことがまちづくり事業だということを実感しました。

## 2 震災疎開パッケージ

メンバーとして参画したものの、なかなか事業実績を伸ばせなかった経験もあります。「震災疎開パッケージ」というプロジェクトで、現在も継続していますが、もう少し大きく飛躍できると見込んでいたプロジェクトです。個人的には初期の立ち上げ段階で反省すべき点があったと感じています。

このプロジェクトは、阪神・淡路大震災で被災した新長田の商店街の方々からお話を聞く中で持ち上がった企画でした。一時避難所での長期生活は、子どもやお年寄りのような体力のない人にはつらいものです。そこで、被災していない地域のホテルや旅館などに一時避難ができるような助け合いはできないかという話が持ち上がりました。そして、複数地域の商店会や協議会が取りまとめ役となって会員を集め、みんなで日頃から積み立て、その基金で被災地域の人を受け入れる費用を捻出するという企画へと発展したのです。

ただ単にお金を拠出してもらうだけではメリットが見えません。その工夫として、震災がなかった年には、拠出してもらっているお金の一部を使って、新潟のお米や九州のお酒など連携地域の地方産品が送られてくる仕掛けにしました。また、行ったことのない地域にいきなり避難するのは、人によってはハードルが高いでしょう。そこで、下見ツアーという旅行イベントを企画するなど地域間交流につなげる仕掛けまで計画しました。

このように防災とまちづくり、さらに地域間連携を組み込み、これ

らをパッケージ商品として売り出す事業的手法は高い評価を受けました。スタートした年には防災功労者内閣総理大臣賞も受賞し、大変注目を集めることになったのです。

　当時、私はこの事業の立ち上げメンバーの一人として、損害保険会社との契約交渉などにあたっていました。積立基金が枯渇した際に、損害保険で補ってもらえるようにするためです。仕掛け、システムを盤石にするためにメンバーが一丸となって取り組んでいました。

　しかしながら、ここで決定的に抜け落ちていたのが「営業計画」と「事務処理」という具体的な運用に関する意識でした。仕組みを完璧にしようと努力はしていたのですが、営業担当がいないまま、商店街で募集すれば集まるだろうと甘く考えていたのです。いざ募集を開始してみると、加盟者は各地域で10～20人がせいぜいで、少ないところでは数名という状況でした。よくよく考えてみれば、衰退している地方商店街には従来にないようなサービス系商品を販売する力はありません。また、販売時のインセンティブもそれほど多いわけではありませんでしたから、意欲的な応募にはつながらなかったのです。

　さらに、事務処理も明確な業務に落とし込めていませんでした。事業メンバーは、活動レベルでは特徴的な取り組みで評価を受け、単発事業についても経験豊富でしたが、継続事業の経験は浅かったのです。受付を行い、それらをどのように処理するのかといった事務処理作業のマニュアルをつくりながら事業を実施しなければならない状況でした。結果、一部のメンバーに負荷が集中してしまい、担当者がチームから抜けるたびにみんなが苦労することになってしまったのです。発想がいくら素晴らしくても、営業や日頃の事務処理という実務作業の設計や分担をきちんと考えておかなければ、事業はうまく展開しないことを痛感しました。その後、本事業は方法の改善や組織の見直しなどを経て、違う形で継続しています。

**挑戦してみよう**

## 1 営業先回り商品開発

　地域活性化分野では、特産品開発の取り組みに補助金をつけて進めてみたものの失敗している事例をよく見かけます。いずれも「営業」を先回りして行っていないことが原因で失敗を招いています。

　当たり前ですが商品は消費者に支持される必要があります。それ以前に重要なのは、売り手である店にその商品を売りたいと思わせることです。商品を売るためには、まずは売り手に商品を取り扱ってもらわなければなりません。

　それに対して、補助金をもらって商品開発を行っている人たちは、売り先を想定し、その人たちも巻き込むカタチでの開発は行っていません。生産者グループ、地元行政、コンサルなどが集まってただ勝手に商品をつくり、それをお店に持ち込み、「これを売ってください」と無計画に営業をしているから売れないのです。補助金がもらえるからという甘えた考えで、営業する気もないのにつくった商品は売れるはずがありません。

　施設開発と同様、商品開発でも商品をつくる前にそれを取り扱ってくれる事業者を探すことが優先されます。商品もないのに売れるはずがないと考えるのは、営業の考え方が古いと言わざるをえません。ただ「売ってください」とお店を回ることだけが営業ではないのです。

　今は一定のこだわりを持った商品を厳選して販売している店舗も増えつつあります。そのようなお店のバイヤーや店長などに営業をかけて、商品開発で協力してもらうことをおすすめします。彼らが売りたいと考えているけれども仕入れができていないものと、自分たちの地域でつくっているものとを照らしあわせて商品を開発するのです。つ

まり、出来上がった商品を持っていくのではなく、店舗側にも関与できる余地をつくり、彼らの意見を反映しながら商品開発を進めるわけです。そうすることで、お店を単なる営業先ではなく、商品開発のパートナーという位置付けに変えることができます。

「東京八百屋の会」という産直や商品セレクトにこだわる八百屋3者のグループがあります。彼らは、小規模ながらも地方の生産者と連携して独自商品開発を手がけています。2014年には、高知の生産農家と組んでみょうがの茎をピクルスにした商品を売り出して好評を博していました。彼らは少量生産からスタートし、徐々に増やす方法をとっています。少量でも確実に取り扱い店舗があり、各店舗での販売量を指定してもらうことでロスを減らし、生産者側のリスクを軽減するわけです。このように販売者側で先回りの営業をすることで共同で独自商品をつくっているのです。

また、高知県四万十町には「四万十ドラマ」という会社があります。ここでは、地元の栗やお茶を使った商品を開発し、全国で販売しています。当初は栗のペーストを販売していた店だったのですが、販売先から「せっかく四万十でとれる栗なんだから、独自にブランディングして、渋皮煮とかできないの？」と言われて渋皮煮の開発に乗り出したのがスタートです。この事例のように、営業先からの需要をもとにした商品開発も大切です。

このようなやり方で商品を開発して地域での付加価値を上げるまちづくり会社のことを「地域商社型」と呼びます。リノベーション関連事業は基本的に内需型かつ物理的な場所の制約を常に受けるのに対して、商品開発販売事業は地域の制約を越えて、様々な地域の市場を狙うことが可能な事業です。

## 2 定期マーケット事業

今、全国各地で広がりを見せている事業にマーケット事業があります。単なるフリーマーケットではなく、クラフト作家が手作りのアクセサリーを販売したり、職人がつくったケーキを販売する本格的なマーケットです。

最近では、インターネットを活用すれば、物理的な店を構えずに商品を販売することも可能ですが、当然ながら膨大な商品の中から自分の商品を選択して購入してもらうには一定のハードルがあります。そこで、まちの道路や空き地・空きビルを活用し、定期的にマーケットを開催することで、商売をスタートする場を提供することができます。

まずは、最初に「毎月第二土曜日」などと決めて定期的に開催すること。そして、出店料は有料とし、テントなどはすべて出店者に用意してもらうようにしましょう。継続事業では「できる限り手間をかけないようにすること」が重要です。毎月開催するマーケットで膨大な手間をかけていると、それだけ人員も必要になり、収支も合わなくなります。できるだけ簡素化しましょう。必要な作業は、場所を確保し、出店者の審査を行い、場所の割り当てを決定する程度にとどめ、あとは出店者に自主的にやってもらうカタチをとるのが理想的です。

毎月決まった日にマーケットを開催することは、意外と大変ですが、毎月きちんと商売をしている人のお店には必ず常連客がつきます。そのような常連客が増えれば、売上も安定し、やがては実際にお店を持つこともできるようになります。

大阪府枚方市で開催されている「五六市」では、毎月200店以上が出店しており、出店料は4000円です。先述のような簡素なオペレーションで回しています。2007年に始められた「五六市」は、関西圏ではすっかり定着し、広域から出店者が集うイベントにまで成長を遂

げました。さらに、このマーケットの繁盛ぶりをみて、周辺エリアに物件を購入し、リノベーションして商売を始める人も現れています。このように、マーケットは地域に人を呼び込むポテンシャルも秘めているのです。

独自のカラーを出したマーケットを継続的に開催することで、事業性は高まり、ネットワークも広がります。積極的にチャレンジしてみてください。

## STEP 8  事業手法を体系化し、外とのネットワークを広げよう

ここまで活動と事業の経験を積んでくれば、継続事業を自らマネジメントすることも十分に可能になっていると思います。むしろ、自ら「こんなことやってみたい」という欲も出てくるのではないでしょうか。

この段階まで来ると、もはや決まった方法論はありません。私自身も常に模索しながら取り組んでいます。むしろ、自分に課しているノルマとして、未経験の事業モデルに毎年少なくとも一つは挑戦することにしています。経験を積むことで慣れた継続事業はいくつかあるわけですが、その繰り返しだけでは成長できないからです。

地域で必要とされる継続事業では、時代の変化に合わせて事業モデル自体が進化を求められます。また、難しいテーマに積極的に取り組むことで、対応できる課題の幅も広がります。去年より今年、今年より来年と進化するには、挑戦を止めないことが大切です。

注意すべきこともあります。地域に変化を与えられるような継続事業を立ち上げ、成果を上げられる人材は、全国にそれほど多くいるわけではありません。そのため、ある程度の成功を収めると、自治体な

どから呼ばれる機会が増えますし、補助金の誘いも多くなるでしょう。この時に、これまでのスタンスを崩さないことが重要です。

依頼を受けて適宜講演などに行くにしても、あくまで時間効率を意識し、現場でのビジネスを優先しなくてはなりません。また、補助金については活用しないことが基本です。せっかく苦労して立ち上げた継続事業も、補助金が一度入ってしまうことで仕組みが崩れ、単なる税金の消化になります。そして、規模を大きくしたところで補助金が打ち切られると、突然継続が困難になってしまいます。事業の売上の範囲内で経費をしっかり管理し、利益を出し、その利益を再投資する。このサイクルを回し続けるからこそ、地域にプラスの影響を生み出せるのです。このことを肝に銘じて取り組むようにしましょう。

## ☑ 自分のスタイルを確立する

マネジメントのスタイルは人それぞれです。私自身は地域を仕組みで見ることから入り、ビル管理や公共資産活用などによって地域の仕組みを変える事業に取り組むことが多いです。一方、建築出身の人が店舗づくりで成果を上げたり、メディア出身の人が新たな地域情報誌を発行することで既存店舗の経営を改善した例もあります。また、自らの店舗経営を活かして新業態を地域につくり出す人もいます。自らの強みを活かしながら、独自のスタイルを確立しましょう。

スタイルは人それぞれでも、地域に継続的な事業成果を上げるという最終目的は同じです。しっかり成果を上げている人に共通する点は、自分の方法をあらゆる地域や事業で無理やり適用させようと考えていないことです。そして、地域の「特性」よりも「人」に主眼を置いて考えている人が多いです。何よりもまず、地域に一緒に取り組む人がいるかどうか注目しているわけです。何でもかんでも自分を押し通すのではなく、自分なりのスタイルに即して取り組みをスタートし、仲

間を集めつつそれを育てる、無理のない進め方をしています。

　また、急がない点も彼らの特徴です。せっかちな私はこの点に関して未熟ですが、中長期で成果を上げる人は、成果が出るまでやり方を変えつつも、適切に「待つ」ことができます。成果が出ない時にも焦ることなく、粘り強く淡々と進める力を持っています。最後まで粘り続けて成果を出すことが、周囲の理解につながります。たとえ孤立しても粘り続ける意志の強さは、継続事業のマネジャーには必要な素質です。

## ☑ 外部とのネットワークを広げる

　継続事業で何らかの壁にぶつかった時には、自分のネットワークを活かし、適切な人材を地域に引き込むことで、突破できます。

　事業がそれなりに継続すると、チームはどうしても緩くなりがちです。新たな人材を引き込むことは、チームを引き締め直す点でも意味があるでしょう。

　また新たな事業をスタートさせる際には、その事業にとって的確な人材を地域内だけで探す必要はありません。日本全国、場合によっては海外からメンバーに加わってもらうことも考えられます。インターネットを活用すれば、多くの人と組んで仕事をすることが可能です。

　マネジャーにも得意・不得意の問題があります。何らかの壁にぶつかった時には、自分の不得意な分野で問題が発生していることも少なくありません。

　継続事業のマネジメントも、不足する部分については、他の地域で実績を上げるマネジャーに加わってもらうことで補うこともできます。マネジャーという立場は孤独なものです。ですが、孤独を感じながら取り組んでいる人は決して一人ではありません。他の地域でも同じように孤独を感じながら取り組みを進めている仲間はいるのです。

そのような人とのつながりは、事業で成果を上げていくうちに自ずと広がっていきます。また、自分の地域でこの人の能力をぜひとも借りたいという展望も次第に見えてくるでしょう。人的ネットワークを適切に広げていくことは、自分が仕掛けられる事業のレベルアップに影響することになります。

　ネットワーキング活動ばかりやっていてはいけませんが、地域に閉じこもらず、外部に開いた活動をおすすめします。

## ☑ メンバーとの情報ギャップを埋める

　自分のマネジメントスタイルが確立し、地域外とのネットワークも拡大していくと、事業に関わるメンバーとマネジャーとの間で情報のギャップが生じやすくなります。マネジャーは日常的に地域内外の新しい情報に触れていますが、メンバーは必ずしもそうではありません。そこで生まれる情報ギャップを意識的に埋めなければ、話が噛み合わなくなります。

　そもそも「なぜその事業に取り組むべきなのか」という意思決定の背後には様々な情報があります。マネジャーは、様々な地域の事例や手法といった情報を自分の地域の問題に結びつけて判断を下します。しかしながら、まわりのメンバーは「また思いつきで話をしている」と捉えられることもあります。これではマネジャーとメンバーの間の溝は深まる一方です。「現場では様々な問題が発生しているのに、マネジャーは何を言っているのだ」といった揉めごとが起こり、溝はさらに深まることになります。

　ここで重要なのは、マネジャーが不在の間もメンバーとのやりとりを密にすることです。最近ではLINEやFacebookを活用することで情報共有が図りやすくなっています。出張から戻った際には出張先で得られた情報を共有するための報告会を開くことも有効でしょう。出

張に行った自分だけが学び、仲間を増やして終わりにするのではなく、情報をきちんと共有することで現場を回していきましょう。

## ☑ 権限移譲を行う

　マネジャーとして重要な仕事の一つが、権限移譲です。

　マネジャーが細かな取り組みにいちいち口出しをしたり、メンバーからの報告を義務付けていると、たいてい失敗します。特に過去に実績を上げてきた人ほど、マネジャーに上がった時に、自分のやり方を押し付け、細かく口出しする傾向があるようです。

　私が最初に関わっていた早稲田の取り組みの時から、意思決定を含めてかなり権限を委任してもらっていました。だからこそ、失敗もたくさんできたし、同時に成果を上げることもできたのだと思っています。

　マネジャーは、目標を示し任せる人を決めたら、いい意味で業務自体に無関心であることが大切です。相談されれば助言はするが必要以上に口出ししないこと、最初から失敗しないように手伝おうと思わないことが事業のためです。

　権限移譲をすればするほど、複数のプロジェクトが立ち上がるようになり、継続事業の柱が生まれます。継続事業にもライフサイクルがありますから、一つの事業が未来永劫続くことはありえません。常に次の事業を仕込めなければ、その取り組み自体が終わってしまいます。前述のようにマネジャーは外部とのネットワーキングなどにも時間を費やして、リソースを確保しなくてはなりませんし、かといって外ばかりに目を向けて内側での情報共有を怠ればプロジェクトが頓挫することになります。そのような状況でマネジャーがすべてを事細かに見ることは不可能です。

　また、長年取り組みを続ければ年もとります。年齢を重ねるにつれ

て考えは硬直化しますし、躊躇なくできていたことにも慎重になっていきます。ですから、自分より若い世代の人たちとのプロジェクトも積極的に取り組む必要があります。

## ☑ 事業内容を整理し体系化する

継続事業を進めていく中で、その事業手法自体を体系化することもマネジャーの仕事です。そこでまず、事業において何が重要なポイントなのかを客観的に整理しなくてはなりません。

とりわけうまくいった時こそ、いったん立ち止まって点検します。よくわからないまま何となくプロジェクトが進んでいる状態が一番怖いもので、突然思わぬ問題が発生してプロジェクトが頓挫することもあります。例えば、一部のメンバーの営業力が優れていたために成果を収めていたのに、それを事業モデルが優れていたと勘違いしていれば、その営業メンバーが抜けた瞬間に協力者が激減して頓挫してしまうでしょう。継続事業に一貫して必要な客観的整理を常に怠らず、それをメンバー内で共有することで、次なる事業の成功確率も高められます。また、ケアレスミスを減らすことにもなり、事業改善にもつながります。

> 木下の体験談

### 1 エリア・ファシリティ・マネジメント

私が継続事業として取り組むものの一つに「エリア・ファシリティ・マネジメント」があります。エリアマネジメントを進めていく上で、対象エリアには大小様々な建物が建ち並んでいます。建物の維持管理には様々なコストがかかりますが、それは建物それぞれで外注してい

るのが普通です。ごみの処理、エレベーターや共同受電装置の保守点検、トイレ清掃といった様々なコストを個別に支払っているわけです。当然ながら、その分、割高な金額を外注業者から請求されることになります。

それに対して、郊外大型店などではグループで一括発注することで、コストの低減とサービスの品質改善を実現させています。バイイングパワーを活かして、建物の維持管理も効率的かつ効果的に実施しているわけです。それを参考に、エリア内でバラバラに発注している状況をできるだけ一本化し、単位あたりのコストを安くしつつ、業務内容品質の改善を図る取り組みを考えました。

地域での取り組みを始める際には、先立つものがほしいわけですが、「まちづくりにお金を出すのは難しい」という人が多いのが現状です。その解決策として、コスト削減部分からまちでの事業開発資金を稼ぎ出すことを提案しました。毎月1000円徴収すると嫌がられますが、「今5000円かかっている外注コストを2500円に下げて、1500円をあなた方の取り分にしますので、1000円は私たちの事業費として活用させてください」と言えば受け入れてもらいやすくなります。負担金を要求するのが難しいのであれば、財布の中身を効率化し、その差益の一部からまちの財源を引き出そうと発想を転換したわけです。

コスト削減は、エリアの生産性を考える上でとても重要です。イベントなどで売上を増やすにしても、遊休不動産を活用するにしても、コストが不必要にかかっている状態では地域に利益が残りません。まずはコストを改善することが、エリアマネジメントの基本です。

いったん契約を束ねてしまえば、その後はある程度ルーティン化した形で集金と支払いをするだけで継続事業化が可能になり、難易度も高くありません。基礎的な業務管理が可能であればできるわけです。

このような事業を「エリア・ファシリティ・マネジメント」と名付

け、仕掛けることにしました。そして、この事業提案に商店街ネットワーク時代からお付き合いのあった熊本の南良輔さんが興味を持ってくれ、熊本市の中心部でスタートしました。

　最初のうちはいくら説明をしても、「ピンとこない」「いくら安くなるのかわからなければできない」と言われる有り様でした。さらには、地元経済団体のお偉いさんからも「地元企業を競争させるとはけしからん」と言われる始末で、スタート前はさんざんな状況でした。ですが、とにかく自分たちで仕掛けてやってみよう、やってみなければわからないということで、この事業を推進する母体として「熊本城東マネジメント株式会社」という会社を4人の共同出資で設立し、2008年から取り組みを開始させました。

　まずは、南さんが会長を務める城見町通り商店街からスタートしたところ、初年度には、何の実績もないにもかかわらず54店舗の加盟店が集まりました。複数の事業者から一括契約に切り替えた場合の見積もりを出してもらい、比較検討を行ったところ、元々の契約金額に比べて年間175万円ほどのコストが削減できることがわかったのです。

　この差額の活用については、「1/3ルール」をつくっています。1/3を各店舗から値引きする、1/3をまちづくり会社の運営に使う、1/3を将来のための投資資金として積み立てるというルールです。

　6年経過した現在、加盟店舗数は170以上にまで拡大し、着実に事業が継続されています。毎年確実に利益を生み出しており、その資金は地元清掃NPO、新規出店者を紹介するラジオ番組に活用され、昨今ではリノベーションプロジェクトへの投資原資にもなっています。

　熊本市での成功を受けて、本事業プログラムは北海道札幌市、岩手県盛岡市、静岡県熱海市、兵庫県豊岡市城崎町、福岡県北九州市に広がりを見せています。都市の規模や条件が異なっていても、同様の事業を進めることは十分に可能です。中でも城崎町は城崎温泉では、ま

ちに集積する旅館・ホテルのエレベーターやリフトの一括契約を行っています。

このように方法論を体系化することで、汎用性は高まります。継続事業のモデルをいかに開発し普及していくかは、ここ数年間で私自身が課題として取り組んでいることの一つです。

## 2 コワーキング / シェアオフィス / レクチャールーム運営

STEP6で紹介したリノベーションして転賃する事業は、比較的取り組みやすい事業ですが、単に転貸だけではそれほど大きな利益を上げることはできません。ですから、継続事業のマネジャークラスとしては、直営を仕掛けるべきでしょう。自分で魅力的な店舗や働く場所をつくり経営する事業にさらに踏み込んでもらいたいです。私自身も、熊本や札幌、東京で、コワーキングスペース、シェアオフィス、レクチャールーム、シェア店舗などを立ち上げ、共同運営を続けています。

転貸と大きく異なるのは、立ち上げ時から細かく営業を行う必要があるという点です。開始後から常に不確実性との戦いが続くことになります。シェアオフィスは入れ替わりがありますし、レクチャールームは認知度を高めるのに苦戦を強いられるでしょう。

ただある程度うまく回り始めると、転貸よりも格段に伸び幅がある分、収益が見込めます。転貸では固定収入くらいしか見込めないのに対して、運営をすると利用が増えるほど収入は増大します。特に、固定で貸し出すだけでなく、時間貸しスペースも設けて運営すれば、利用率に応じて利益を伸ばす要素になります。ある程度の固定収入と、伸び幅のある変動収入を組み立てて展開していく形です。

初期投資については、不動産オーナーが投資してくれる場合もあれば、自己投資の場合もあります。投資回収は最高でも5年程度で設計しています。内装にかかる初期投資もできるだけ抑えたいところです。

そこで、DIY で工事をしたり、地元の工務店と組んで材料や工数を削減することで予算を抑える工夫も必要になります。

また、札幌市の「ドリノキ」は、大通の一等地に建つビルの7階、160坪を超えるワンフロアにコワーキングスペース、シェアオフィス、レクチャールームを設けています。建築プロデュースのプロと組み、工事は付き合いのあった地元の方の協力を得て完成させました。運営は地元のまちづくり会社を主軸にして進めています。不動産オーナーが家賃の相談にも乗ってくださり、内装に投資も行っているレアなケースでした。事業全体としてはうまく進められているものの、レクチャールームの稼働が目下の課題です。

愛知県春日井市で手がけたシェア店舗「TANEYA」では、オーナーとは別に、地元の地権者たちが共同出資で立ち上げた不動産投資・管理会社を主軸にして内装投資を行っています。投資回収は1.5年の計画で、既に完了しています。5つの事業者が入り、数名しか生徒がいなかった子供向け英会話教室も今や90名を超し、カフェは得意のチーズケーキをマーケットや小売店に出すまで拡大しました。さらに2016年からは同じ並びに「ままま勝川」という商業施設もオープンしました。

これら3つの事例はいずれも事業としては黒字ですが、当然ながら完全ではなく、それぞれに課題を抱えています。運営面では、それらの課題を共同運営者と共に改善することが常に求められます。

このように運営を担うと、転貸とは異なり、空間が陳腐化しないように常に改善を試みる必要があります。ですから、マネジャーとしては事業に対して常に緊張感を持って取り組んでいかなければなりません。他の事業に比べて、このような空間を貸し出す事業は一定以上の収入を上げやすく、しかもあまり手を入れなくても安定した収入が得られる事業だと言えます。ですが、それで安心してしまい、攻めの姿

勢を失わないように注意しましょう。工夫をして、より多くの人に使ってもらうようにすれば、さらに収入を上げられる可能性もあります。貪欲さを捨ててはいけません。

また、事業運営をしていると、そのまちの浮き沈みを体感できるようになります。エリア・ファシリティ・マネジメントであればゴミの量、エレベーターの利用数、消費電力量といった色々な観点からまちの状況を把握できますし、シェアオフィスを経営すれば入居者のビジネスの状況もわかります。そこで得られたものを積極的に事業にフィードバックすることを心がけてください。

## 挑戦してみよう

### 1 公共資産利活用事業

規制緩和に関連する事業については、海外では数多く実施されています。それがすべて良い事例とは限りませんが、日本国内では特定規制により、まだ挑戦さえできない取り組みもあります。そのような事業を社会実験事業として取り組むことには大きな可能性があります。

例えば、15年ほど前までオープンカフェは日本では完全にNGでした。ですが、社会実験を経て規制緩和が行われるようになり、昨今では道路の利活用もしやすい状況になっています。都市再生特別措置法に基づく規制緩和要件を満たせば、路上に固定店舗を設置して運営することも可能になりました。実際に、札幌市の大通地区などで制度を活用して固定店舗が展開されています。また別府でも、社会実験というモデル方式で各店舗の軒先の利活用が可能になっています。

継続事業を行う上で、民間不動産を活用した事業はもちろんおすすめですが、今後のトレンドは公共不動産の活用でしょう。公共が税金

で維持管理していた資産を借り受け、まちづくり事業として活用していくのです。そこでは、従来のような指定管理者の形式をとるのではなく、自分で借りて稼ぐことで利用料の一部を支払う形式をとります。そうすることで、歳入の伸びない自治体にとっては、わずかとはいえプラスになりますし、不動産を運営するまちづくり会社などもその事業を通じて収入を生み出すことができます。そして何より、使われていなかったまちなかの道路や空き地や建物を使うことで、エリア全体の価値改善につながるのです。

例えば、東京都千代田区にある3331 Arts Chiyodaは、廃校となった中学校とそれに隣接する小さな都市計画公園を一体的に活用して、アートセンターとして再生しています。一般的に廃校利用というと、自治体が業者に管理委託することが多いですが、3331は民間企業が借り上げて、家賃を千代田区に支払っています。アートセンターとしての企画とともに、そこに訪れるお客様に向けたカフェの経営、企業のクリエイティヴ部門の家賃収入によって、アートセンター全体の運営を稼ぎ出しています。税金がないと公共機能は担えない、自治体がお金を出さないと公共施設は再生しないという固定観念にとらわれず、民間に委ねることによって新たな道を作り出しています。さらには、周辺にも様々なテナントが出店するようになり、エリア全体の再生にもつながっています。

### 2 公民連携開発事業

公民連携開発も今後増加が予想される事業です。公民連携開発とは「公共施設＋民間施設をトータルで民間事業者が資金調達を行って建設し、運営していく」という事業形式です。かなり高度な継続事業ですが、財源不足で公共施設整備が頓挫するケースが増えている現在、民間が担うべき分野です。

公共施設は使われなくなれば単に税金がかかるだけですが、見方を変えれば集客施設としての可能性を秘めています。うまく使えば、年間で数万から数十万人を集客できます。例えば、そこで商売することが可能になれば、家賃を支払って出店する人たちも現れるでしょう。しかしながら、公共施設内での出店はこれまで禁止されてきました。

　ところが、公共施設整備への予算が削られる現状では、各地の自治体は新たな整備手法に活路を求め、PFI（Private Finance Initiative：公共施設の整備、管理運営などを民間に委託したり、その資金を民間に求める手法）やPPP（Public-Private Partnership：官と民が共同することで、従来よりも市民負担が軽く、より魅力的な公共サービスと経済開発を行う手法）を推進し始めるところも出てきています。

　あくまで単独の公共施設として設計したものを、民間資金で開発させ、利用料を徴集する方式に留まっているのが現状ですが、打開策の一つとして、私たちは公共施設整備設計に「稼ぐ」機能をセットにする仕組みを考えました。この仕組みをしっかりとビジネス化することで、国や地元自治体の予算では建設不可能な状況でも、民間の投資資金を誘導して開発することが可能になります。

　ここでは異分野の常識を公共の分野に持ち込むことに挑戦しています。例えば、「フリーミアムビジネスモデル」というものがあります。大多数は無料でサービスを提供するけれども、より充実した環境で使用できるサービスを有料にして、その有料部分で全体のビジネスを支えるモデルです。公共施設と民間施設を一緒に開発する場合の施設経営の視点はこのモデルに近いと言えます。公共施設自体は税金で運営されているので無料で利用できますが、そこに併設されるカフェや物販施設などは有料利用です。この有料部分で全体をどれだけ賄うことが可能かを考えることで、施設整備・運営のあり方が変わるわけです。

　このような実例としては、岩手県紫波町の「オガールプラザ」があ

ります。財政状況が悪化していた紫波町で、単独整備が不可能だった図書館を集客装置と位置づけ、それを中核施設にして商業施設と合築するプランを構築しました。資金調達については、特定目的会社である「オガールプラザ株式会社」が行いました。図書館への来館者数を年間15万人と想定してテナントを誘致し、建設コストを極限まで削ることによって、高い投資利回りを実現しています。通常、公共施設は一等地に立地していますから、そこで民間とセットにしてビジネスに結びつければ、単独整備が不可能だった施設整備も実現可能になるのです。来館者数は当初の予定を超えて、年間30万人に達しています。

　さらに、民間の商業施設が健全に建設、経営されることで、紫波町には毎年固定資産税などが納められます。加えて、オガールプラザが建設されている土地は町有地ですので、借地料も紫波町の歳入になります。この民間からの税収・歳入がさらなる施設整備を可能にしているのです。

　加えてオガールプラザでは多数の雇用を生み出しています。公共施設を単独で整備しただけでは民間雇用は生まれません。かつては事業性を犠牲にしてすべて税金でつくって運営することが「美しい公共性」であると考えられてきましたが、本当にそうでしょうか。そのやり方では、自治体財政が悪いところでは、何もできなくなってしまいます。施設維持費を稼ぎ出す必要性を考えても、施設整備を地域経済開発とセットで行うことの意義を理解していただけるかと思います。

　ここで重要なのは、開発を民間の責任で行う点です。株式の多くを役場が所有するような従前の第三セクター方式の会社では、結局のところ役場が整備するのとほとんど変わりません。オガールプラザのように金融市場から資金を調達し、投資利回りを軸にしっかりと計画を立てることが、持続可能な事業にするための最善の方法です。補助金や交付金に依存し、ずさんな事業計画でも書類さえ整っていれば進め

られるこれまでの公共投資に未来はありません。

　このような取り組みを全国各地で推進していきたいという思いから、2013年には、先に紹介した清水義次さん、オガールプラザ代表取締役の岡崎正信さんとともに「一般社団法人公民連携事業機構」を立ち上げ、事業の体系化と全国展開に向けた動きをスタートさせました。2015年に開校した「公民連携プロフェショナルスクール」には、45以上の地域から参加があり、全国各地に手法の拡散を進めています。

　難易度の高い事業ではありますが、これからの地域を支えていくためには、新たな公民連携事業を開発する必要があります。ぜひみなさんの地域でも実行してみてください。

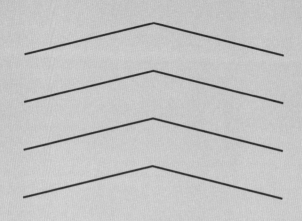

# 第3章

## 技術編
-SKILL-

# 1 基本的な技術を身につける

　まちで活動や事業の企画を仕掛ける際には、基礎的な技術が求められます。気合と根性だけではどうにもなりません。実践をしていくと、自分に不足している点がわかるようになり、それらを段階を追って補完していかなくてはならなくなります。

　今でも過去に全く触れたことがない分野に関わる時には、勉強し、その知識をもとに技術を身に付けるために小さく実践し、自分なりにレポートをまとめて体系的にアウトプットして血肉になるように心がけています。

　技術は、様々な経験を積む中でも少しずつ身につきますが、仕掛ける前に基礎的な知識を意識的に学び、それを実践に活かしながら次なる技術を身につけていくのが効果的です。

| | | |
|---|---|---|
| 計画 | 情報力 | 情報を集め、検証する |
| | | 複眼的に分析する |
| | 論理力 | 因果関係を整理する |
| | | 複数の要素を構造化する |
| 事業立ち上げ | 構想力 | 自分のビジョンを描く |
| | | 絞った戦略を立てる |
| | 実現力 | プロジェクトを効率的に管理する |
| | | やる気を引き出し、良い結果を導く |
| 継続 | 組織力 | みんなで取り組むからこそ失敗する |
| | 営業力 | 対象を絞り逆算で開発する |
| | 数字力 | 経営に関わる数字を見分ける |

本章では、自分が主体となって個別の活動や事業を仕掛ける際に必要となる、基礎的な技術を12に分けて解説します。

まず、地域の様々な情報を整理する上で必要なのが「情報力」「論理力」です。さらに、情報をもとに、課題解決や、地域にとってプラスになる取り組みを立ち上げる上で「構想力」「実現力」そして取り組みの拡大と継続を図る上で、「組織力」「営業力」「数字力」が求められます。

これらの技術を、実践しながら身につけていき、地域において効果的な活動を支えたり、自ら事業を立ち上げていきましょう。

## 2 情報力
# 情報を集め、検証する

現場で知った情報をもとに、ネットなどで情報を収集し、現場にフィードバックして自分なりの知識体系を構築していこう。

　まちで事業を仕掛けていく上で、様々な情報を収集し、論理を構築し、分析することは大切な能力です。情報に疎く、情報収集するスキルもなければ、課題解決どころか、下手をすれば状況を悪化させてしまうこともあり得ます。地域の問題解決にあたる際には、「知りませんでした」「わかりませんでした」という言い訳が通用しない場面は少なくありません。

　有効な情報を体系づけて理解するのに近道はありません。まず日々の取り組みの中で、常に現場の情報に触れ、必要な情報はさらに集めていきます。その蓄積によって地域のことにも、その地域が抱える課題に関する情報にも強くなれます。現場にしかない情報をコミュニケーションによって得ながらも、それに関する先行研究や最新情報は本やインターネットを活用することで得るという、両面の情報収集が大切です。自分が能動的に動きさえすれば体系的な情報や最新情報を手に入れることができる時代です。ネットを活用すれば、地方でも全く遜色ありません。

### ☑ リアルで気づき、ネットで調べて、現場に反映

　まず基本は、会議や活動を通して直接地域の人たちから見聞きして情報を収集するとともに、その中でわからないことや他地域での取り

組みをインターネットで調べていくという同時並行型の情報収集です。

　地域では直接見聞きしないとわからない情報がたくさんあります。まちの人と膝を突き合わせて話を聞くことによって、地域の抱える問題の構図や人間関係の相関図もイメージすることができます。

　しかし、予備知識がないと地元の人が話をしている内容を理解できないことも多いです。また、地域の人たちは単に思いついたことを発言しているだけだったりします。そのため書籍や調査レポート、論文などを読んで、細かな情報や真偽について、常に確かめなければいけません。

　私が最初にまちに関わった時は専門的な知識は皆無で、会議で何について話しているかさえ全くわからないことばかりでした。その時にはその場でキーワードを検索して言葉の意味を知り、それに関連する情報を次回までに簡単なレポートにまとめていました。そして次の会議で、レポートをもとに出席者の方々に質問することで、さらに詳しい情報を得ることができました。

　また興味がある分野は、関連図書を読んだり、専門学会誌などで論文を検索して読むようになると、過去にも同様の問題について議論されたことがわかる場合があります。

　一つわからないところを調べていくと関連知識が芋づる式に手に入り、情報収集が徐々に楽しくなってきます。

　初めて関わる地域でも、大筋はネットなどで調べた上で地元の人たちに話を振ると、詳しい話をしてくれます。そこから、さらに調べるという、調査とヒアリングで連鎖的に地域の状況や問題点がだんだん見えてくるようになります。

　そもそも何も調べずに話を聞いても得られることはほとんどありません。アナログと、デジタルの双方を活用していくことで、自分なりの知識体系を形成していくことが情報収集の基本姿勢です。

## ☑ 小さな疑問から、連鎖的に情報を収集していく

　1998年頃、会議で「大店法が完全に廃止される」という話を聞きました。その時、私は「だいてんほう」という言葉自体がわかりませんでした。

　帰宅してすぐにインターネットで検索してみると、大店法というのは「大規模小売店舗における小売業の事業活動の調整に関する法律」というもので、「大規模店舗を規制する」法律であることがわかりました。そこで大店法に関連する書籍を調べると、小売流通に関する教科書があったため、それを数冊読んでみたのです。そうすると、大店法から日米構造協議といった言葉も出てきて、日米経済摩擦の問題についても知識をつけないとその背景が理解できないことに気づき、より専門的な知識を得たくなっていきました。例えば、日米経済摩擦の解説本を読むことで、そもそも日本における小売流通政策全般や、戦前から大規模店舗を規制してきた百貨店法の背景まで、長い時間軸にこの問題を位置付けて考えられるようになったのです。

　そうして、政治行政系の専門誌や、日本流通学会などの関連論文を読んだり、大学の先生に話を聞きに行ったりしました。「タウンマネジメント」という、まちづくりに経営を持ち込もうとする試みを知ったのもこの時です。当時、アメリカなどではこのタウンマネジメントの実践が商業地区の活性化で既に行われていました。

　このように何気ない議論から自分の興味を掘り下げることで、「まちづくりとマネジメント」という自分の関心分野に接点を持つことになりました。

　まちづくりにおいては本やインターネットに掲載されている情報でなく、生の情報が大切だと言う方もいます。もちろん、現場にしかない気づき、情報もたくさんありますが、人から得られる情報には、思

い込みがあることも少なくありません。社会的に本当にそれが正しいとは限らないのです。だからこそ、現場で得た情報や意見は、自分なりにエビデンス（証拠、裏付け）を得る能力が極めて大切です。

> **佐藤郁哉『組織と経営について知るための実践フィールドワーク入門』**
> 有斐閣 2002
> 　実際に地域に入り込み、課題解決を図る上では、フィールドワークに対する実践的な知識が必要となる。単に人の話を聞けばいいわけではない。本書は、組織論や経営論の専門家の視点から、フィールドワークの試み方が整理されており、基礎を学ぶ上では有益な一冊。

> **論文検索サイト**（http://scholar.google.co.jp/・http://ci.nii.ac.jp/）
> 　過去の論文などを検索すると、より体系的に分析されていたり、似たような状況にある地域の事例研究などを発見することもできる。現在は論文検索エンジンも進んできており、活用すべきである。論文における参考文献などは、さらに情報を入手していく上で有用である。

## Q. 自分で考えてみよう

シャッター商店街の問題について聞き取り調査をしていた際に、「借りてくれる人がいない」と不動産オーナーたちが発言をしていた。この発言を聞いて、貴方は何を疑問に思い、何について調べるか。

## A. 木下はこう考える

借り手側はなぜその物件を借りないのか。あらゆる取引が成立しないのには、貸す側が提示する条件と借りる側が要求する条件が釣り合わない場合に起こる。何が釣り合わないのか、を考えてみる。

地域の不動産オーナーにとって「借りてくれる人がいない」状況は、

借り手側からすれば「借りたいと思える物件がない」状況だとも言える。不動産オーナーが要求している条件を整理し、新規出店が多い立地の場所の賃貸条件と比較すると、借り手が出てこないエリアは相対的に家賃が高い、最低賃貸期間が長い、テナントへ求める信用力が高いなど、その物件の価値以上の条件を提示している場合が多い。

　出店する側からすれば、そのエリアの不動産オーナーの条件よりも、条件が有利な別のエリアを選択して出店しているのだ。

　こういった状況では、不動産オーナー側が賃貸条件を変更しない限り、そのエリアに出店者は増加しない。つまり、景気や政策の問題ではなく、不動産経営の問題であることがわかる。

　不動産オーナーの話をもとに情報を整理し、他の情報と比較して原因を探ることで、聞き取りと調査の相互作用を高めることができる。

## 情報力
# 3 複眼的に分析する

> 意識して、全体像をつかむ情報の集約力が求められる。また、定性的な意見だけでなく、数値など事実に基づく客観的な内容を意識する。

　特定のまちで特定のプロジェクトに参加していると、だんだん視野が狭くなっていき、情報に偏りが出てきます。積極的に取り組みに関与するのは固定メンバーで、結果として内輪ばかりで盛り上がってしまうことがあります。また、特定メンバーの反対意見に対応していると、「彼らの批判を受けないように」と小さく縮こまってしまうこともあります。

　自分たちの取り組みに対して、まわりでささやかれる意見に耳を傾けることも大切です。その意見を採用するかどうかは別として、まちには様々な意見があります。

　情報の収集において大切なのは、一次情報（リアル）、二次情報（書籍や論文やネット）を組み合わせ、量と質の双方から的確な情報を集めるとともに、全体像を意識して集めていくことです。

### ☑ 問題の「全体像」をつかむ

　断片的な情報をつなぎあわせていくだけで全体像が見えるわけではありません。自分が集めた情報には、好みがあったり、情報経路の偏りがあるので、集めれば集めるほど歪んでしまうこともあります。全体像を把握するためには、そのような偏りをできるだけ排除する、こ

とが求められます。

例えば、議論をする時に「ディベート」という方法があります。

ある問題に対して「賛成派」と「反対派」に分かれて、討議をするものです。通常は、自分の意見で「賛成」「反対」と分かれますが、ディベートでは自分の意見とは別に、「賛成派」になったり、「反対派」になって議論をします。そして、その模様を判定者に見てもらい、より多くの判定者が納得した方が勝利するというものです。

これを意識的に用いると、情報収集が多角的になります。少なくとも、2つの面から1つのものごとを見ることができるようになります。

例えば、ある自治体が主体となって駅前に設置している観光案内所を存続させるか、廃止するか、という議論があったとします。

反対派は、「年間の観光客数は10万人を超えるのに、その10％しか利用しないような施設は廃止して、インターネットなどでの情報発信を強化したほうがよい」と主張します。賛成派は、「少ないとはいえ年間1万人の観光客が駅に降り立った時に周辺情報を聞き、パンフレットを受け取っており、役立っている」と言います。どちらも正論ですが、双方の立場に立つことで相手の弱点を見ていくことができます。

賛成派の多くは地元の観光協会関係者であり、その拠点運営の委託を受けている団体だとすれば、それは利益誘導的に言っているのではないかと考えられます。もし賛成派が言うように「本当に観光客に役立っている」のであれば、小規模でもよいので観光協会の事務所を駅前に移して、パンフレットを受け取れるようにしてもよいのです。人を雇えなければ、観光協会の職員が兼務で対応することも十分に可能なはず。つまり反対派は「本当に役立っているのであれば、自前で運営可能な道を探すべき」だと主張するのが効果的でしょう。

逆に賛成派はどう反対派をつきましょうか。反対派の多くは地元の工業関係者など直接的に観光産業に携わっていない人だと想定できま

す。彼らは観光業への支援よりも、工業への補助金充実などを求めており、観光案内所は無駄な支出であると主張しているのです。

さらに賛成派は、インターネットでの広報は既に実施しており、観光案内所に来るのはネット利用があまり得意ではない層であることを指摘した上で、10％の利用者であるものの、彼らの観光消費額は平均よりかなり高いことから、案内所の有効性を説くことができます。民間運営にするにしても、消費額からの税収増や雇用効果が見込めることから、その妥当性を示すこともできるでしょう。

重要なのは、一つの地域の抱える課題や対立を双方の立場から切り込んで見ることです。私は基本的に地域の事業は民間でやるべきだと思っていますが、あえて逆の立場にたって情報を整理すると、自分が示す論の問題点も見えてきます。

また、ディベートの手法を用いると、自分が賛成派であったとしても、反対派がどのような情報を集めて提示してくるかを予測できるようになります。また、相手がどのように賛成派の問題や矛盾をついてくるか、推定して反論可能な情報を揃えます。自分の信念とは関係なく、双方の立場にたって頭の中で議論をしてみることは、多角的に情報を集める上でとても有効です。

地域の現場では、賛成派と反対派が双方の「面子をかけて」ぶつかるだけで打開策を導き出すことがない非生産的な議論が多くあります。それぞれ「自分こそ正しい」と思い込んでいるからです。ひどい場合には、地域内での勢力争いをしているだけで、本質的にその問題解決なんてどうでもよいことになってしまっている場合もあります。

地域に関わるプロフェッショナルは、そのような地域内紛争に対して、賛成・反対の軸ではない、新たな枠組みを提供していくことが求められます。そのためには、賛成派・反対派・その他を含め、全体像がつかめるように情報を集めておくのです。そうすると、地域全体と

してのやり方を変えていく方法が見えてきます。先の観光案内所も、補助金ではなく、民間が運営することとし、そのための整備費などについては金融機関の投融資で行い、利子だけを予算で捻出するという方式にすると、予算は極めて抑えられますし、融資審査を通っているので、補助金支援よりはまともな事業計画が実行されます。

地域の状況を多角的に見ていくと、実は賛成派も反対派も双方が「変わらなくてはならない」という状況にあることがわかります。地域内で対立をするのではなく、新たな方法に変わっていく契機にすることが大切です。

## ☑ 事実に基づき、数字と向き合う

あなたの住む自治体の人口は現在何人ですか。20年後の人口は何人でしょうか。

自治体の市税としての収入は全体にどの程度占めていますか。市税のうち、住民税収入、固定資産税収入はいくらでしょうか。主力産業は何で、従事者はどの程度ですか。

このような、地元に関する定量的な質問にすぐに答えられる人は稀です。たとえ答えられる人がいても、実はかなり昔のデータだったということが少なくありません。つまり、地域の人でさえ、地域を取り巻く、最新の定量的な情報が常に頭に入っているわけではありません。

地域に関する様々な定量的情報を収集し、把握しておくことは極めて大切です。我々に来る相談も、まずはその問い合わせがあった地域の定量的情報を一式把握するところから始めます。今はインターネットがあるので、即座に検索できます。

何らかの企画を検討する場合も、問題の優先順位をつけていく上でも、議論の前提を確認する上でも、定量的情報によって確実な判断が可能になります。逆に定量的情報がないと、変なうわさ話に左右され

たり、思い込みで語ってしまうことも少なくありません。思考するための軸として定量的情報を示すのに越したことはないのです。

**そのコミュニティ・スペースは必要か？**

ある地域で「20〜30代の子育て世代が集まれるスペースを作ろう」という話が出ました。

地域の活性化事業を検討する会議で発案されたのです。一般的に考えると、反対する人はいない話で、「こういう機能があれば便利だ」「こういうものをつくってみよう」と話は盛り上がります。しかしこの時の議論に、20〜30代の子育て世代がまずその地域に何世帯いるのかという話が出てこなかったのです。

そこで、まずは該当者の数を調べて、実際に会議の場所に出てきてもらうことを提案しました。実際に調べてみたら100世帯もなく、共働きの世帯もあれば、そうではない世帯もあるなど多様で、単に子育て世代として一括りにしてスペースを作るだけでは不十分であることがわかりました。やはり、ないにはないなりの理由があるのです。

まずは定量的なデータを押さえる癖をつけないと、議論にかけた時間が無駄になることがあります。

**県庁所在地は安泰か？**

また別の場合で考えてみましょう。都道府県の県庁所在地の都市では、「県を代表するのはうちだ」という意識が持たれがちです。行政の拠点が集まり、大手企業の支店が集まっている、すなわち中央であるという意識です。

しかし、県庁所在地は今後も安泰なのでしょうか。行政の拠点や、企業の支店はいつまでもあるでしょうか。例えば、高齢化によって今後の生産年齢人口が減少するという人口推計を利用し、地域の給与所

得総額が今後どれだけ減少していくかを考えてみると、全国企業の支店で県内でも高い給与をもらっていた人たちが退職していくことによる経済的なインパクトが予測されます。

　これからの10年で、団塊の世代を中心に1万人の大手支店で働く給与所得者が退職した場合、平均給与が500万円であれば、500万円×1万人＝500億円の年間給与所得がその市から減少することになります。彼らが厚生年金等によって生活し収入が半分以下に下がると考えれば、250億円の所得減少と考えられるでしょう。また、労働人口の減少と共に、支店そのものが統廃合されてなくなってしまうこともあるでしょう。変化を数字でみると、その影響力が見えてきます。

**商店街を取り巻く変化**

　商業傾向については、「最近インターネット販売が伸びている」という話がよく出ます。では、どれだけインターネットでモノが売れているのでしょうか。2014年の段階で日本全国のB2C（Business to Consumer）インターネット小売市場規模は12.8兆円と推定されています。百貨店の市場規模が6兆円程度、コンビニエンスストア全体の市場規模が10兆円程度、ショッピングセンター全体の市場規模が27兆円程度と、小売市場においてもインターネット小売市場は大変重要な販売業態になっていることがわかります。つまり、ネットはもはやオマケではないどころか、コンビニ以上にデカイわけです。

　一方で、B2C市場12.8兆円のうちAmazon Japanでさえ1兆円を超える規模にすぎません。その他の市場は中小零細商店などがネットで商品販売を行っているのです。もはや、中小零細事業者にとって価値のある立地は、都市の中心部よりも、ネット上なのかもしれません。

　実際に、地方都市には店舗だけでなくネットでも商品を扱って伸びている店が増えています。自宅に作業場を作り、ネット販売で生計を

立てている人もいて、もはや商店街のような物理的な商業空間の必要性は相対的に低下しています。

つまり、店を借りなくても商売できる時代が既に到来しているのです。昔みたいに「商売やるためには店を借りるのが当たり前」ではなくなり、中心部の事業用不動産は空き店舗になっていくわけです。

数字に向き合うことで、問題解決のために考えるべきことが明らかになってきます。ネット通販に対抗するために商店街がすることは何か？　それは、中小零細事業者に"あえて"店舗を借りてもらうに足りる空間の価値をどのように提供するかを考えることです。彼らは単に「家賃」を払うだけではなく、払うからには、それ以上の利益を生み出したいと思うわけです。それだけの利益を生み出すにはどんな工夫をすべきか、考えなくてはならないのです。

**数字に向き合ってわかること**

このように地域を取り巻く変化に関して、数字で試算していくことで、ヒアリングでは得られない課題や、新たな事業の可能性について考えられるようになります。また、数字を知らないゆえに起こるような大ハズレの企画をしなくてすむようになります。

みんなが頭に入れていないような数字を頭に入れ込んでおくことは、様々な企画を考える際に役立ちます。

そうして日々の取り組みの中で得られる様々な情報を整理していくことで、解決策を考え、一貫性のある取り組みを推進していくことが可能になります。

📖　谷岡一郎『「社会調査」のウソ』文藝春秋 2000

　世の中の情報には、「統計」という一般の人にはよくわからない「数字」で作られたウソがある。地域分野でも様々な数字が出てくるが、それが本当なのか疑う必要がある。そのためには、適切に統計数値を判断する基礎的な理解が必要であり、それを知るために有用な一冊。

💻　人口問題研究所「将来推計人口・世帯数」
(http://www.ipss.go.jp/syoushika/tohkei/Mainmenu.asp)

　人口に関して、細かなデータをとることができる。また、平均給与所得に関する統計も、各都道府県や市町村ごとに検索可能だ。このようなトレンドを理解した上で、その地域をどうしていくのかを考えることが必要だ。過去や今の状況が、いつまでも保たれると考えていては将来必ず行き詰まってしまう。だからこそデータを頭に入れておこう。

## Q. 自分で考えてみよう

　多くの人は自分が住んでいる基礎的自治体の統計を改めて見ることが少ないかもしれない。しかし、それを見ずして、都市課題を考えることはできない。

　まずは、自分が住んでいる基礎的自治体の人口統計を見てみよう。いつまで人口が増加し、いつから人口減少になっているだろうか。

　また、自分が住んでいる自治体の財政情報をもとに、地方税の税収でもわかりやすい基礎的税収である「市民税（個人）、市民税（法人）、固定資産税、都市計画税」の推移を見てみよう。さらに「義務的経費（人件費・扶助費・公債費）」の推移を見よう。

## A. 木下はこう考える

　昨今、人口減少が問題視されているが、それは昨日今日に始まった

話ではない。基礎的自治体によっては戦前から人口減少が続いてきた地域もあるだろう。いまさら大騒ぎをしても後の祭りという状況にまで至っている場合も少なくない。

それでは人口減少自体が問題でないとすれば何が問題か。地域に人が住み続ける際に、小さくとも食料生産や住居、地元でとれないものを買うだけの経済力、さらに皆が生活するのに必要な公共サービスである。人口減少問題の一つは、この最後の公共サービスが過去のまま続けると持続性を失う可能性があるということである。

自分の住んでいる自治体の財政を見る時に、地元の経済力によって集められている基礎的な税収はどう推移しているだろうか。多くの地域では増加してはいないだろう。さらに、義務的経費はどうなっているだろう。多くの地域では減少していないものと思う。

既に多くの地域では、義務的経費が基礎的な税収を上回っているだろう。つまりは、地域に公共サービスとして最低限必要となる、自治体職員の給与や助け合いとなる社会保障費、さらに過去の借金の返済さえできない状況になっており、地域の存亡は国の交付金などに完全に握られている場合も少なくない。

地方に必要なのは、できるだけ地域の経済力を回復し、税収を可能なかぎり拡大しつつも、義務的経費をはじめとする基礎的な公共サービスの支出を抑制し、人口減少でも破綻しないような経営を行うことである。人口減少をすべての責任にするのは大きな間違いで、人口減少を前提とした経営をしなければならないこともよくわかる。

世の中で言われていることをそのまま受け入れるのではなく、自分たちの地域の状況を数字でみて、打ち手を考えることが大切である。

この状況を打破した一例が、岩手県紫波町のオガールプロジェクトのケースである。まず、同町は実質公債費比率が07年には23％を超すなど財政が悪かった。そのため、町役場の予算を出した開発は無理

だった。一方で、地元人口だけでは3.3万人であったが、自動車での移動を前提とした域内経済範囲である半径30kmで市場を見てみると、盛岡・北上までが範囲に入り北東北最大の人口規模60万人となり、十分に商圏人口を見込める可能性があることがわかった。

　そこで、公民合築施設を前提に計画された。公共施設自体を集客装置として位置づけ、民間の商業施設で消費をしてもらい、その消費から家賃・管理費を集めて合築施設に必要な維持費を捻出する方式を採用。一方で、開発費を適正化するため、しっかりと金融審査を受ける民間事業形式で施設開発をすることで、過大な公共施設開発などを制限。民間施設が公共施設を支えるという独自のモデルを実現した。

　単に町内人口だけでなく周辺を含めて検討することで見え方が変わる。さらに、公共施設は公共事業で開発し、運営もすべて税金でまかなうという常識を疑い、新たなモデルを作り上げた事例である。

　現在では、オガールエリア全体で100万人クラスの集客をし、オガールプラザなどは十分なキャッシュフローの黒字を達成。さらに同町の実質公債費比率も11％まで回復している。

## 4 因果関係を整理する
**論理力**

> 目の前で起きたことに対症療法的に取り組んでいても問題は解決しない。問題の根本的な構造的原因を意識しなくてはならない。

　地域での取り組みにおいて、情報を収集した後に、求められるのは「論理力」です。単に情報を集めるだけでは意味がなく、それらを論理的に構築してようやくその情報は役立つものになります。

　「理屈じゃない、現場で学べ」という人がいますが、私は違うと思います。まずは理屈なのです。現場で情報を集め、実践的に経験を積んでいくことは当たり前のことであって、それだけでは何もできません。現在は賢く真面目な人が普通に仕事をしていても地域は衰退しているのですから、その程度ではダメです。つまり、自分なりに頭を使って「理屈」、言葉を変えれば「論理」を構築しなくてはならないのです。理にかなわないことは、やはり現実において成立しません。

　成果を残している取り組みには必ずきちんとした論理性が伴っています。当事者が意識しているかどうかに関係なく、しっかり原因を捉え、それをクリアするための工夫をしている取り組みには、理にかなっているものが多くあります。

　現場主義的に、単に人の意見などを聞きながら進めていくと、まじめに一生懸命やっていても理屈が通っていなければプロジェクトは破綻します。悪意がなく全力でやっても、取り組みそのものに論理的な一貫性がなければ、地域にプラスの影響を及ぼすどころか、地域の衰退が加速することすらあります。論理性がない取り組みは、残酷なま

でに成果を生み出しません。

　今の地域の現状はまさにそのようにして生まれたと言っても過言ではありません。衰退する地域に少しでも活力を生み出すためには、実務とともに論理的な思考力が不可欠です。

## ☑ 「原因」は自ら発見しなければならない

　地域が衰退する原因を、ヒアリングをもとに見つけ出そうとする人がいます。しかし、そんなことを常日頃から考えている人なんて多くはありません。身のまわりの話を聞くことはできても、論理的な因果関係を指摘できる人は極めて少ないです。

　また、ヒアリングを通じて得られた多数派の意見が正しいとは限りません。ヒアリングやワークショップで出てきた多数派の意見が、さも真実であるかのように取り扱われることがありますが、事実と異なる場合も少なくありません。

　人は聞きたくないこと、見たくない情報を見過ごしがちです。例えば、まわりに地域が大切だと思っている人ばかりだと、地域を離れて別の都市に移り住んだ人の意見は耳に入りませんが、実はそこに地域が衰退する理由を考える上で重要な情報があります。

　人の意見を聞くなということではなく、聞いた情報や調べた情報から、自分なりの仮説をたてて、因果関係を考えなくてはならないということです。

　そのためには、因果関係を前提とする考え方をしっかり身につけましょう。

## ☑ 因果関係の基本法則

　様々な情報から問題解決を図る際に、何が原因で、何が結果なのか、ということをはっきり整理することは論理力の基本です。ただ、因果

関係というものは意外と複雑で、しばしば取り違えて把握してしまうこともあります。

もちろん、原因を結果だと思い、結果を原因だと思っていては、課題解決ができません。地域での様々な議論も変な方向に進んでいってしまいます。そこで、因果関係を把握するために以下の3つの点に注意しましょう。

1つ目は、因果関係を読み解く際には、「時間軸」を確認します。簡単にいえば、原因の後にしか結果は生まれません。シンプルな話ですが、現状だけを見ていると、どれが先に起きていて、どれが後に起きているのかわからなくなることがあります。

アーケードを建てたからたくさんのお客さんが商店街に来るようになったと思っていたら、実は元々客はたくさん来てお店が儲かっていたからアーケードを建設できたんだ、といったように時系列も文脈も逆の話があったりします。

2つ目は、原因と結果の間には互いに影響しあう関係があるということです。時に、1つの変化がもう1つの結果に影響を与えていないにもかかわらず、影響を与えているように思い込んでいることがあります。全く関係のない2つの現象を因果関係で理解してしまうと大変なことになります。

3つ目は、その原因と結果以外に、それらに影響を与える重大な第三の変化があるかどうかです。たとえ、時間軸が確認され、2つの変化に互いに影響を与え合う関係が把握されていても、全く異なる変化が原因で、多大な影響を及ぼす場合もあります。

例えば天気が良かったため、イベントをやったら参加者が多かったというのが因果関係だと思っていたら、実は朝に地元紙一面で紹介されていたことで来た人がたくさんいた、といった場合です。

当事者たちは、因果関係の思い込みが多かったりします。

代表的なのは、元々お客さんが来ていなかったのに商店街の人たちが「大型店ができたから客が来なくなった」と原因をすり替えていることです。「外国産のものが日本に入ってきたから農業はだめになった」という話もありますが、一方では農業で大いに稼いでいる人もいます。外国産が入ってきたからだめなのではなく、入ってきた時に作るものや、やり方を変えた農業者は今も成果を残していて、何も変わらなかった人がまずい状況になっているのです。つまり、変化をするか、しないか、というのが今の結果を招いていることに気づかないといけません。

　地元のコンセンサス型の因果関係誤認は、様々な取り組みをする上で問題ですので、しっかり自分なりに整理し、思い込みの呪縛にとらわれないようにしましょう。

## ☑ 構造問題を解決するロジカル・シンキング

　地域が衰退する原因を考える際には、物事の構造を自分なりに整理する必要があります。その上で問題解決の策を考えないと、単なる思いつきに頼ることになるからです。
例えば、作物が育たないという時、まず作物が育つというプロセスを論理的構造によって整理してみます。

　種×土(養分)×水×太陽→作物が育つ、として構造を整理したとします。

　こうなれば、作物が育たないというのは、種、土、水、太陽といった4つの変数のいずれかに問題があると考えます。そうすれば原因を探りだす方法が明確になります。それぞれ想定される問題を潰していけば、問題は解決されるでしょう。

　先に構造的整理がなければあらゆる問題解決の道筋は見えません。この時に想定した構造が間違っていたとしたら、課題解決はうまくい

きません。もし上の4要素だけでなく、「気温」というのが重要な変数であったとすれば、上記の式を立てた段階で問題解決が不可能になります。

つまり、ロジカルシンキングとは、地域で起こる様々な問題に対して、構造を正確に整理する際に求められる基礎的能力であると言えます。思いつきで問題解決に取り組まないよう、正確な因果関係整理を行い、対策を合理的に組み立てるようにしましょう。

**地域衰退を考える時の構造式**

地域の衰退は、ヒト・モノ・カネという資源と、その資源を投入する仕組みのどちらか、もしくはいずれも間違っている場合に発生すると考えられます。

$$\begin{matrix}\text{投入する資源} \\ (\text{ヒト・モノ・カネ})\end{matrix} \times \begin{matrix}\text{資源を投入する仕組み} \\ (\text{方法})\end{matrix} = \begin{matrix}\text{結果} \\ (\text{衰退 or 発展})\end{matrix}$$

地域衰退という課題を考える際に、仕組みが間違っているとばかり思う人が多かったり、もしくはカネが足りないからできないと思っている人が多いことです。しかし、実はそれに取り組んでいるチーム、つまりはヒトに関して問題を抱えていることも少なくありません。その場合には、ヒトを変えないと、いくら方法を変えても、予算を増額しても結果は変わりません。

このように複数の要素が互いに影響を与えながら、地域は衰退したり、発展しているわけで、短絡的に捉えることはできません。重要なのは、問題を構造的に捉えて、一定の仮説を立てて対応することです。ヒトが問題だと思えば、今までの組織とは異なるチームを作り、そのチームで新たに事業に取り組んでみる必要があります。

それなりの予算と、それなりの作業量をかけているのに実績が出な

いのは、仕組みに問題があると考えられます。逆に仕組みがよくても、結果を出すのに必要な資源の量と中身が伴わなければ、これもまた結果が出ません。当然、投入資源も足りず、仕組みそのものにも問題がある場合は、全くもって結果は出ません。

状況を変化させる方法は、次のように考えられます。

　　　資源を変える　×　仕組みを変える　＝　結果が変わる

私もこういう論理的な考え方をしなかったために、失敗を繰り返していました。高校3年の時に全国各地の商店街の共同出資会社の社長を引き受けたことはすでに述べましたが、当時は、因果関係のイメージを持たずに取り組みをしていました。目の前にいる人の意見を聞いて動いていたのです。「北海道にある商品を東京で販売すれば売れるはず」と言われれば、複数の商店街の人たちがエントリーして互いの商品を卸せるマッチングシステムを開発しました。しかし誰も使わない。それはたまたまの思いつきにみんなが同意をしただけだったのです。

そこには衰退問題を解決するための論理性はなく、当事者の感想しかありませんでした。それが妥当であるという保証は全くありません。

重要なのは、収集した情報をそのまま活用するのではなく、問題の構造を整理するためにそれらの情報を使うことです。当事者にもわからない構造を解析して、それを解決するための仮説を持ち、事業を通じて解消するという意識を持つことが必要です。

**外部人材の新しい視点**

ここに外部人材が役に立つ可能性があります。

当事者には当たり前のことで、地域でのしがらみに無意識にとらわれて冷静かつ正確に因果関係を分析できないことがあります。そんな

時に、プロとして関わる外部の人間が、新しい視点で解決の方策を検討してこそ、存在価値があると思います。

どのように資源を変えるのか、はたまた仕掛けをどのように変えるのか。みんなで行うワークショップなどに逃げるのではなく、しっかりと自分の頭で考え抜いて解決策を論理的に発想することが大切です。

トライ・アンド・エラーの中で、ある程度成果が見えれば、それを突っ込んでやってみる。ダメなら別の原因を探ってみるということが必要です。最初から計画的に一発で地域衰退の最たる原因を捉え、解決に導くことは不可能です。ただ闇雲にやっても、羅針盤なしに航海に出るようなもので、八方ふさがりになってしまいます。

常に因果関係を考え、その課題構造を意識して、仮説をもって論理的な仕掛け方をしていくことが、遠回りのように見えて実は近道であることが多いです。

> **苅谷剛彦『知的複眼思考法』講談社 2002**
> 地域の衰退課題を自ら見抜き、それに対して適切な解決策を導く上では、世の中の常識的な知識を鵜呑みにしてはいけないし、自分の経験に依存するだけでもいけない。物事を複数の視点から読み解いていく方法について学べる一冊。

## Q. 自分で考えてみよう

なぜ地方都市中心部に「空き店舗」や「空きビル」は生まれるか。この構造を　資源　×　仕組み　＝　結果　の関係で説明しよう。

## A. 木下はこう考える

| | |
|---|---|
| 資源 → | ヒト（お金に困っていない不動産オーナー）、モノ（古い不動産）、カネ（高い家賃設定） |
| 仕組み → | 従来型の固定的な賃貸借契約 |
| 結果 → | 空きビルばかり |

　これは極めて合併症的な問題である。ヒト・モノ・カネのそれぞれに問題があり、さらに仕組みにも問題がある。解決を図るためには、根本的に変えることを考えなくてはならない。

　2010年にスタートした北九州市小倉地区におけるリノベーション事業のスターティングプロジェクトであるmercato3番街は、まさにこのような複合的な問題を解決した事例である。

　この事業は、15年間放置されていた不動産物件の賃貸条件を根本から見直すところからスタートしている。

　まずそのような放置物件がまちなかにある状況に、世代交代した不動産オーナーが強く問題意識を持つようになった。放置しているということは、基本的に収入が一切ないということである。ならば、入居して欲しい人材を探して支払える家賃を聞き出し、できるだけそれに近づけることにした。ゼロよりはプラスである。そこで出店者を、インターネットによる募集やヘッドハンティングにより募り、数回の顔合わせののち決定、支払える家賃金額をもとに4年で回収する計画で初期投資金額を決め、リノベーションを実施した。補助金ゼロの民間物件再生事業である。

　このようなプロセス設計にも論理性がある。改装後に入居者が決まらないという問題が発生する理由は、物件を改装する前に入居者を決めないからである。当たり前だと思われるが、開発以前に入居者を決

める工夫が必要なのである。問題解決の道筋は極めて単純だが、実行するためには知恵と行動力が求められるのである。

　mercato3番街のケーススタディに関しては、拙著『まちづくり：デッドライン』（日経BP社、2013）で詳しく解説している。そちらも併せてお読みいただきたい。

## 5 複数の要素を構造化する
　　論理力

> 問題解決には、個別の因果関係を考えるだけでなく、複数の要因の相互関係を整理して考えると、混乱せずにすむ。構造的に考えていけば、膨大な情報も適切に整理される。論理力は、複雑に見えることを単純化する力でもあり、それがあれば、地域の課題は解決しやすくなる。

　論理的に思考する上で重要なのは、因果関係を整理するとともに複数の要素を構造的に解析することです。

　人間は一度に理解できる情報量に限りがあります。

　ある会議に参加している10人が1つずつ提案を出せば、10の案が生まれます。さらに、それぞれの案に3つのパターンが存在すれば、30もの案になります。さらに詳細を見ていけば、情報はどんどん分岐し、膨大な量を処理しないと前に進まないように思えてしまいます。

　こういう時は、これらの意見は本当に全部バラバラなのか、共通要素はないかを一度整理してみる必要があります。もしかするとバラバラだと思われている複数の企画も一つに束ねられる場合があります。

　地域で起こることは最初はすべてバラバラのように見えますが、整理していくと、実は共通性の高いものも少なくありません。ただそれを理解するためには情報を構造的に整理してみる必要があります。

　ここでは、ツリーで整理する方法と、フローで整理する方法について書きたいと思います。

## ☑ ツリーにして整理する

　一つの事象や問題を構成する複数の情報を、階層を変えて整理することで、バラバラの情報を体系化し、なおかつ重複している情報を統合する方法です。情報が山ほどある時こそ、個々の情報のレベルの違いを整理していくと、物事はシンプルに見えるようになります。

　例えば、地域で問題が発生している場合、発生現場別に1丁目、2丁目と整理をしてみましょう。その下に1丁目に関する情報、2丁目に関する情報を整理すれば、問題がシンプルに見えてきます。

　スケジュールも同じです。1年分のスケジュールを並列すると、あまりに膨大な情報に何がなんだかわからなくなりますが、1月、2月、3月と階層化し、1日、2日、3日とさらに階層化すると、シンプルに理解可能な状態まで整理されていくわけです。

　合意形成の際にも、「地域を良くしよう」という上位概念であれば、ほとんどの人が賛成。しかし、「ハード開発を通じた活性化」と「ソフト事業で活性化」の2つに分ければ、個々の意見も分かれてきます。「役所主導」と「民間主導」、あるいは「予算依存」と「民間資金中心」とで分けることもできます。つまり共通性の高い複数の要素を上位において階層化し、徐々に共通性が低いものを下位に分類していけば、情報はより整理されるわけです。

　みんなの意見を個々人の意見として並列してしまうと、あまりに混乱して話の方向性さえ失ってしまいますが、構造化して整理すれば、わかりやすくなるのです。これがその場でできるようになれば、中心に立って議論を進めることができるようになります。

　また構造化の良い点は、欠落している情報を発見して、網羅的かつ重複のないモデルへと整理していけることです。

　議論の怖いところは、その場にいる人が気づく情報しか出てこない

ことです。それを単に並べていると、すべてをカバーしているように錯覚するのですが、ツリーで整理していくと、手薄な情報やそもそも指摘されていない観点にも気づくことができます。また意見の偏りや、同じような話を異なる話として取り扱っていることもわかり、重複を整理できるようになります。

このようにツリーで整理をしていけば、膨大な情報も適切に整理され、全体像が見えるようになり、優先順位をつけることができます。構造化の基本です。

## ☑ フローチャートで整理する

ツリーで整理するものとは別に、時系列の流れがあるものは、フローチャート（流れ図）で整理するのが、よりわかりやすいです。

例えば、生産から消費までを一つのフローチャートに整理すれば、生産者、加工業者、卸業者、小売店、そして消費者が、一つの流れで結ばれます。それぞれの状況を整理していけば、個々人の合理的な行動や問題について、バラバラな考え方ではなく、互いの連鎖の中で理解しやすくなります。「生産者がなぜそのようなことを言うのか」という疑問も、実は加工業者との関係、もしくはその先にいる卸業者の取引に問題がある場合もあるからです。

最近は、地方農産品・水産品の付加価値向上を目指す策として「六次産業化」がよく言われますが、その多くが失敗しています。その原因は何でしょうか。それは、プロジェクトの協議会が生産者や生産者組合や加工業者そして行政マンなど供給側の関係者で占められ、肝心の小売店や消費者という消費側の人がいないことです。その結果、簡単に作れる、材料費があまりかからない、といった供給側の論理で合意形成がなされ、ものを作っても全く売れません。

これをフローチャートで整理すれば、商品は「仕入れて売ってもら

う小売店」と「購入してくれる消費者」に即した開発をしなくてはならないことがわかります。つまり、明確な販路となる人たちを協議会に入れずに合意形成をしても無意味なことがわかります。

しかし、このような全体の流れを意識せずに、供給側の地元の関係者だけで物事を決めると、失敗を繰り返すことになります。成果を収めるには、全体の流れを論理的に整理し、俯瞰する力が不可欠です。

それでは、地方都市中心部の衰退を例に、なぜ昔は繁栄していて、今は衰退してしまったのかを考えてみましょう。

**複数主体の相互関係を時間軸で整理する**

まずは地方都市中心部、特に商業が集積していたエリアを考え、登場する主体の整理をしましょう。中心部には「消費者」「テナント」「地主」という3つの主体がいます。さらに、中心部と競合する存在についても考えます。そこには商業が集まる「郊外」と「インターネットなどの無店舗」があります。このように、全体像を一つの流れで整理して考えていくと、相互の関係性が見えてきます。

中心部では、地主が投資して土地を取得し、ビルを建て、それをテナントに貸し出す。テナントは借りた空間を利用して商売を行って、消費者に商品やサービスを購入してもらう、という一連の流れがフローチャートから理解できます。このように地方都市中心部の建物では、最終的に消費者が落とすお金をもとに、小売店が地主に家賃として払うことで投資回収がなされるわけです。投資回収が成立しなければ、誰も中心部の土地を取得して、建物を建てたりしません。

次に、地方都市中心部と郊外を比較してみましょう。ここ20年ほど、地主による投資は郊外で行われることが多くありました。これは道路が整備され、それに面した土地も整備されて、中心部よりも土地代が安い割に、便利な土地が大量に供給されたからです。テナントか

らすれば、中心部よりもお客さんを集めやすく、家賃も相対的に安い、つまりは利益を出しやすい郊外のほうが優れた立地となったわけです。

　さらに、今はもっと進んで、ネットショップにシフトするテナントも多くあります。店舗を持たず、売れた分に応じて手数料を支払うだけで商売ができる仕組みが出てきたわけです。配送センターは、中心部よりも、郊外よりももっと土地の安いところに作られているため、テナントから家賃をたくさん取らなくても経営が成立します。販路はネットを活用しているため、広域から集客でき、さらに消費者はわざわざ店まで行かなくても商品が手元に届きます。

　このように基本構造を理解していくと、都市中心部の構造、さらに競争環境全体が相対的に見えるようになります。

**「昔は良かった」のはなぜか**

　競争の中で、相互の有利な点、不利な点を見ていけば、「なぜ昔は良かったのか」「どう問題を解決すればいいのか」も論理的に整理しやすくなります。

　地方都市中心部の商店街の人たちが「昔は良かった」と言うのは、人々が自動車を持たず、道路も未整備で、バスや自転車などで集まることが可能な場所が地方都市中心部にしかなかった時代です。つまりテナントは店を出そうと思ったら、土地が高かろうとなんだろうと、都市中心部に出さないと商売にならなかったわけです。

　さらに、人口が増加し続けて常に「ものが足りない」状況で、置けば商品が売れる時代でした。テナントが儲かるため、地主はテナントの家賃を引き上げることが可能でした。つまり立地により「独占」ができ、物資が足りないために常にテナントが優位に立っていたのです。

　しかしそんな時代は二度と戻ってこないことも、全体像を見ればわかります。一方で、最近、中心部の路地裏などで古い物件を小規模な

飲食店や手作り工房など、若い事業者に店舗を貸し出して再生しているエリアが増えている理由も自ずとわかるようになります。

問題の構造を整理し、時系列でその変化を見ていけば、「どういうことにチャレンジしたら成果が出るか」という自分なりのイメージを持つことができます。もちろん予想どおりにはいきませんが、闇雲にやるよりはよっぽど整理された仮説を持つことができるでしょう。

📖 バーバラ・ミント『考える技術・書く技術』ダイヤモンド社1999
　思考する時の枠組みを学校で教わることはあまりないため、情報を集めても、論理的な整理を行えないことが多い。ものごとを考える時や、それを書き記して人に伝えていく時に必要な基礎的技術を学べる一冊。

## Q. 自分で考えてみよう

地域活性化の議論をする時に、どうしても制約を考えずに行うことが多い。しかし、実際の地域での取り組みは「制約だらけ」である。実際に行動することを前提にすれば、制約を意識した議論を行わなくては意味がない。その時に、まちを論理的な理屈からいくつか切り出してみる力が問われる。

例えば、実際の地域は「みんなのもの」ではなく、個別の土地・建物などの資産は個人・法人が所有している。自分のまちの地図を広げ、所有関係を整理してみよう。そうすると、どのようなことがわかるだろうか。何が制約条件だろうか。その地域での議論で常に注意しなくてはならないことは何だろうか。

## A. 木下はこう考える

地域での議論は制約条件を合理的に整理した上で行わなくてはなら

ない。上記の所有権の整理を行うだけでも、「私たちが判断できること」と「私たちでは判断できないこと」が明確になる。例えば、道路は市区町村、都道府県、国などが所有しており、さらに道路交通法の関係で警察行政が介入することになる財産である。その上での企画は常に、行政との調整が必要になる。

メインストリートの角地に位置している空き家があったとして、その利活用についてみんなで議論をしたとしても、その「空き家の所有者」が認めない限りは、どんな企画も通らない。人の資産を勝手に使うことはできないからだ。

公園を活用しようとしても、それを所有するのは市区町村であり、さらに公園緑地に関する法律や条例をクリアしなくてはならない。

商店街のアーケードを利用した企画をやろうしても、アーケード自体は商店街振興組合が所有しており、さらに道路上であるから市区町村の許可、警察行政の調整も必要になる。

といった具合に、まちというものはすべてが、様々な個人・法人がその所有や管理を行っており、それらをいかにクリアするか、という視点が不可欠になる。この時に、自分たちのチームが、所有者と話をつけやすいかどうかが、事業の優先順位を付ける際に重要になる。

地域活性化の議論をする際に、このように「所有権」という視点で議論をロジカルに整理するだけでも、「そもそも自分たちには活用できないもの」を対象に妄想の議論をするという無駄な時間を省くことができる。常にまちは「みんな」のものではない。複雑に入り組んだ状況に対し、何らかの軸を用意して整理し、その視点から議論を導く力が求められる。

ロジックでまちを捉えると、複雑なものが少し透明度を増し、自分たちの取り組みも見えやすくなる。

## 6 構想力 自分のビジョンを描く

> 情報収集・論理構築といった客観的な能力と並んで重要なのが、自分の主観に基づく構想力だ。まちをどのように変えていくのか、そこに正解はない。収集した情報、論理的な道筋に照らし合わせながら、判断し選択することが求められる。

### ☑ 個人の構想力が試される

　ここ20年ほど、地域の取り組みでは、多くの人たちの意見を集約して結論を出していく、「みんなで考える」という市民参加型のモデルが多く採用されてきました。

　都市開発が行政によって推進される際に、周辺住民の意見を聞いてできるだけ不利益を小さくすることはもちろん大切です。しかしながら、衰退している都市の問題は、社会全体の課題であって、単に周辺住民の不利益を解消するだけでは解決しません。事実として、市民参加だけでは、地域の課題を解決するには至っていない現状があります。

　つまり皆の意見を集めただけでは、次なる打ち手につながる強烈なビジョンを作ることはできず、結局は折衷案や妥協案、つまり最大公約数的な案に落ち着くだけで、「そうなりたい」と誰も思っていないようなものになってしまいがちです。自治体の総合計画にあるビジョンをみて、「心が震えた、うちのまちをそうしてほしい」と思う人はほとんどいません。かといって、「あなたが自由に決めていいよ」と言われても自分からビジョンを言い出せる人はごくわずかでしょう。

　地域で何かを始めるには、個人の構想力が試されます。みんながど

うなのか、ではなく、自分はどうしたいのか。どのように地域が変われば、活性化につながると考えているのかを明確に掲げなくてはなりません。しかも、それはどこかで聞いたことのある話ではなく、必ずしも人に褒められなくとも、自分の中から発せられるものでなくてはなりません。

実際に主観に基づく構想力がないと、現場に立たされた時に大変困ります。常に自分の意志がないと、みんなに話もできなければ、判断基準も持てないからです。

## ☑ 曖昧な合意形成がもたらすもの

私が高校3年の時に社長を引き受けた商店街の共同出資会社は、過去の実績はありましたが、新しい事業に対する役員たちのビジョンは不明瞭でした。みんなが合意したのは「商店街の活性化に向けた新しい事業に取り組む」こと、インターネットを使うこと、商品を互いにやりとりすること、そのくらいのレベルでした。具体的なシステムをどう構築して進めるのか、というビジョンはありませんでした。話の展開でなんとなくできてしまったと言っても過言ではなかったのです。

なぜこのような状況に陥っていたのでしょうか。それはまず最初に、曖昧な話の方がみんなが合意しやすかったからです。

具体的な話にしてしまうと合意そのものが難しくなります。総論賛成各論反対、と言われるように、「商店街をネットで活性化」くらいの軽いノリで、「儲かるかもしれない」という空気感で突き進んでしまっていました。私も「商店街で新しいことをやりたい」という程度で、明確に「これをこうしたい！」という欲求がありませんでした。一方で、みんなで設立するためには、逆に明確なものがないのが最初の時期はよかったとも言えます。

第二に、合意形成後、すぐに具体的なことを構想できる人がいな

かったことです。

「どうしたら商店街が活性化するのか」と言われても、当時は自信をもって事業を構想できるほどの力は私にはありませんでした。それまでの活動の成果で社長を任されてはいたものの、情報の分析力や論理構築能力はまだ低く、まして具体的で強烈なビジョンは全く持てていなかったのです。

当初2～3年の間、経営はさまよいました。何をしていいのかさえわからなかったのですが、結局それは、主観的な構想力の欠如によるものでした。

3年目に入ってようやく、「商店街は何につけても『金がない』という。それなら稼げる商店街にしよう。自主財源づくりを基本に事業をつくろう」と考えるようになり、仕事が回り始めました。

「みんな」で意見を交わしてよかれと思って進んでいたら、実は誰も明確なビジョンはなかった、という話はどこにでも転がっています。

結果として、他の地域の成功事例をよくわからないまま真似てしまうことが少なくありません。他人のビジョンの後追いしかできない、そんな地域の先行きは相当に暗いでしょう。

## ☑ 構想力に必要なのは「主観的な夢」

主観を形成する前提として、一定の情報力と論理力が求められます。

その上で、どのような取り組みをすれば、現在ある状況を「望まれる状況」に持っていくことができるかを考えます。これが構想力の問われる段階です。

しかし多くの人はそれ以前に、自らが考える「夢」を他の人に明確に示すことに慣れていないように思います。様々な地域の方と話していても、世の中で言われているような話や、地元の具体的な問題は話に出てきても、そこで「自分は絶対にこうしたい！」という意見を聞

くことはまれです。地元で強く自分の意見を言うと、批判されることもあるので、どうしても切り込んだ意見が出てこないのです。

「自分はこうしたい」と夢を語る、これは習慣だと思います。欲求をダイレクトに示す習慣がないと、「どうしたい」よりも、「こうしたほうがみんなのウケが良さそうだ」といった周囲への配慮を意識する癖がついてしまいます。ビジョンはそういう打算的な思考からは生まれません。

私が仲間とともに取り組む地域では、最初に地元のパートナーに夢を語ってもらうのですが、なかなか最初から語れる人はいません。一方で自分のビジョンを持っている人は、話が止まらないくらい出てきます。自分のまちについて語り、三日三晩、自分のやりたいことを言い続けられる、主観的で主体的なビジョンを持っている人は、本当に強いです。多少の批判も気にせず、やると言ったらやる。周囲とうまくやりながらも、ビジョンに関わることは譲らずに進めていくことができます。

「緑あふれるまちづくり」と言われて具体的で強烈なビジョンを感じられますか？　聞こえは良いので賛同は得やすいのですが、具体的な活動を始めようとすると反対意見が出て、その時になるとブレてしまい一貫性が保てなくなる、そんな状況が目に浮かびます。ビジョンは地域での取り組みにおける羅針盤であり、それを掲げるリーダーに要求されるのは、具体的段階でもぶれないビジョンメイキングの能力です。そのビジョンに共鳴するメンバーが集まってこそ、初めて取り組みは前に進みます。

まちづくりの取り組みで大事なのは、この主観のぶつかり合いです。

参加する人たちが「主観」を語り合い、ぶつかり合う中でみんなが「あの人の夢に共感し、ぜひ共に推進したい」と思ってもらえる人こそが、上に立つべき立場にあるのです。みんなで策定した当たり障りの

ない内容で団結や行動が続くことはめったにありません。魅力的なビジョンをぶれずに示せるにリーダーがいて初めて、ものごとは実現に向けて動き出すのです。

## ☑ 共感されるビジョンとは

共感されるビジョンには2つの要素があります。

1つは、挑戦するに値するという「意義性」です。取り組みには何らかの意義を求められます。地域社会における意義、地域の歴史的な流れの中で位置づけられる意義、次世代に向けた意義といったように、自分たちは特別な意味のあることに取り組むんだと意識できることが大切です。そのビジョンに自分なりの意義が見い出せるからこそ、貴重な時間、資金、信用などをプロジェクトに投入したいと思います。

もう1つは、達成できるかもしれないという「実現可能性」です。意義はできるだけ大きい方が人間を奮い立たせますが、あまりに非現実的だと誰もついてきません。自分が掲げるビジョンと共に、それを達成するための大まかでも説得力のあるシナリオを持てるか否かが問われます。

そんなビジョンを持つためには、普段から様々な物事に関心を持ってチャレンジし、また様々な情報をもとに日々思考することが大切です。まちづくりを効果的に進める上では、主観を鍛えなくてはならないのです。客観的な情報整理は実現に向けて役立つのであって、自らのビジョンがないのに、単に情報ばかりいじっていては、地域では何も起きません。

最初は数人に共感してもらえたら十分です。まずは、自分のビジョンに共感してくれるメンバーを核としたチームを組織し、取り組みを進めていくのがよいでしょう。成果が伴えばまわりに人は増えていきます。

📖 **三枝匡『V字回復の経営』**日本経済新聞出版社 2006

　民間企業をいくつも再生してきた三枝氏が、実際の現場で共通して現れる問題やその解決方法を、ビジネス小説としてまとめた一冊。まちの再生も、企業の再生も実は大変似ている。自分たちの地域や、組織の状況を照らし合わせながら読み進めると、解決に向けたプロセスもイメージできるようになる一冊。

## Q. 自分で考えてみよう

　自分が仕掛ける地域事業において「こうしたい」という主体的なビジョンを考えてみよう。そして、そのビジョンを実現するのに必要な方法についても考えよう。

## A. 木下はこう考える

　地域活性化を考える際に重要なのは、地元の課題認識ばかりに引きずられないこと。人がいないからできない、お金がないからできないといった意見は、あくまで地方側の見方だけで、本質を突いた課題分析でない場合も多い。

　地域で事業を仕掛ける場合には、その地域で取り組む事業について聞き取り調査をするような方法ではなく、自分たちが仕掛けたいこと、自分たちでできることを決めた上で、地元で可能なリソースについて整理することが原則。いくら地元から求められたり、地元が課題だと思っていても、それが自分たちが考えるビジョンと合わなければ士気は上がらず、私財を投じる気にはならない。

　私たちの場合にも、場所によって取り組みたい、かつ取り組める事業は変わる。中心部で古いビルを再生することであったり、道路を活用した新しいマーケットを始めることであったり、ネットを活用して

地元商材を販売することであったり、駐車場をやめて小さなお店をつくることであったり、その時々でやりたいことは変わる。

ただし各地域で一貫しているのは、「稼ぎをつくり、地域が自立する」というビジョン。

とはいえ、最初から地域全体が稼ぎ、自立することは不可能なので、まずはエリアを決めて、そこでモデルをつくる。最初は「そんなことは正論でうちのまちでは不可能だ」という声に対して、そうではないことを示す必要がある。単にビジョンを唱えて賛同者を求めるだけでは、単なる妄想と言われてしまうだけである。

自分たちが主体的に物事を捉え、地域を見つめなおし、まずは小さく実行する。このプロセスにこそ、地域における事業開発の基本がある。

人の意見を聞いて回り、地域の課題解決に取り組む前に、あなたがどのようなビジョンを掲げ、どのように達成するかが問われている。

## 7 絞った戦略を立てる
**構想力**

> ビジョンを定めた後は、現実との乖離をいかに埋めていくか、その具体的方法について考えることになる。いかに「理想」と「現実」とのギャップを埋めるかが問われる。

### ☑ 戦略―溝を埋めるシナリオ

　目指すべき像を示すことができれば、次はそれを具体的に達成する段階に入ります。目指すべき像は、他の人にとっても挑戦するに値するという「意義性」と、可能だと思わせるシナリオを持つ「実現可能性」を併せ持つことが大切であるのは、前に指摘した通りです。

　現実と目標との間の乖離を埋めることができるシナリオを「戦略」と呼びます。戦略の多くは、たくさんある選択肢の中から、やらないことを決める作業になります。地域で何かの取り組みを始める上では、人や資金が十分にないことがほとんどですから、大層な戦略を立てる必要もありません。当たりをつける、という意味だと私は理解しています。

　しかし時にビジョンと全く違う事業をやる人がいます。

　ビジョンでは大きなことを掲げつつも、単にお金欲しさに商店街の空き店舗対策事業予算で取り組みをしているだけだったり、指定管理の受託をしているだけだったりすることも少なくありません。ビジョンと現実を埋める戦略として有効なら良いのですが、「夢は夢」「現実は現実」と整理して取り組んでいるのであれば、大間違いです。

　地域における取り組みで有効な戦略には大きくわけて2つあります。

## ☑ 積み上げ型戦略立案：小さな仮説→改善で目標に近づける

一つが、「何を、誰に向けて」やるのかをビジョンに基づいて仮定し、スタートする積み上げ型戦略です。

まずは当たりをつけて始めてみて、利用者や参加者からのフィードバックをもとに改善を積み重ねながら目標到達へと近づく方法です。例えば、観光地で「外国人観光客を今の10倍に増やそう」といったビジョンを掲げ、「使われていないビルを外国人向けゲストハウスとしてリノベーションして経営する」と決めます。場所、価格設定、競合分析などは進めながら判断していきます。そうすると、色々なことが見えてくるので、その都度、改善を続けていけばよいのです。プロセスの中で徐々に戦略がクリアになっていくので、最低限の「何を、誰に向けて」ということだけ決めてスタートし、ダメだったら、また別の方策を考えるのです。挑戦する中で様々な情報が得られるので、2度目は確実に当たりが良くなります。

小さなチームでプロジェクトを開始する場合は、細かな計画を組み立てるだけの能力や時間がない場合も少なくありません。まずは大枠として、目標を実現するのに必要な「具体的なプロジェクト」を考えます。どういったサービスを地域で展開すると目標に近づくことができるのか、という仮説を自分たちなりに立てます。

私自身も最初に大失敗をした商店街ネットワークの取り組みでは、自分たちに戦略策定能力がないにもかかわらず、やたらと計画書を書いて、色々な人の意見をもらったりして、1年近く具体的な事業活動に移しませんでした。細かな競合を調べてみたり、自分たちの提供するサービスのコストをいかに最小化できるかを考えたり、協力企業の開拓に出向いたりしていました。目標さえ曖昧な状況でしたが、計画策定にはさらに時間をかけていたのです。

そして、満を持して各地の商店街同士がお互いのエリアの特産品を取引するというオンライン取引事業をスタートしたものの、全く誰も使わない。あれだけ色々と意見をくれていた商店街の人たちでさえ、使ってはくれませんでした。

目標と全く関係ない取り組みでは意味がないですが、大枠を決めて、まずはサービスを提供することによって、実際の利用者と接点を持てるようになり、的確な意思決定を図っていくことも可能になります。取り組みの経験が浅いのであれば、このような方法でまずは挑戦してみることが極めて大切です。

1年かけて1つのプロジェクトの戦略を策定して満を持して取り組んで空振りするよりも、3ヶ月に1つはプロジェクトを立ち上げて改善をしていったほうが、もし外れたとしても、年に4つのプロジェクトには挑戦できます。いきなり的に当てようとしない戦略も、地域の現場では有効なことがあるのです。

### ☑ 逆算型戦略立案：現在地から目標に近づくシナリオ

積み上げ型に対して、目標に対して現在不足している問題を明確にし、手元にある人材や資金によって達成可能なシナリオを組み立てるのが逆算型戦略立案です。従来の経営戦略論は、この方法を中心に発達してきました。

まちづくり分野においても、先に述べた積み上げ型戦略立案で、一定の実績が上がってくると、逆算型戦略を組み立てるのが有益です。

ある程度の実績が上がると、中核メンバーも増加し、関係者も増加していきます。さらに、予算規模も拡大し、すべてを中核メンバーだけで把握することが困難になってきます。プロジェクトに関与する多くの人たちに、目標への道標となるような戦略を示すことで、より効果的に取り組みを進めていくことができます。

まちづくりにおける戦略策定で重要なのは、「顧客」「競合」「供給」「規制」の4要素です。

まず、展開している取り組みの「顧客」は誰なのかを明確にする必要があります。まちづくり事業にある程度取り組んでいれば、自分たちが対象にしなければならない顧客を絞り込めていると思います。対象が明確になれば、取り組むべき内容も、対応すべき問題も明確になり、より良い取り組みへと発展していきます。

「競合」は、まちづくりの取り組みでは特に無視されてきた部分です。自分たちの取り組みが、他の競合よりも優れているのかを比べるのは当然のことですが、その競争意識が毛嫌いされることが多くあります。コミュニティカフェと言いながら、サンドイッチの提供に15分もかかったり、コミュニティを言い訳にまずいコーヒーを高く提供し、全く寛げない空間となっていれば、隣近所にある普通のカフェに負けてしまいます。競合よりも優れた取り組みをいかにできるかを考えることが自分たちの向上になり、地域の改善にもつながります。

「供給」は、自分たちの取り組みに必要な材料をいかに確保するかを考えます。例えば、空き店舗を活用して新たな活動の場をつくりたい場合、まず、不動産オーナーからその空間を自分たちが望む条件で調達しなければなりません。想いがあっても、物理的に必要な材料が確保できなければ、それは机上の空論です。ある程度事業が進んでくれば、自分たちでできることと、他者から供給してもらうことをしっかり区分し、これを有利に調達する術を考える必要があります。

最後に「規制」です。まちづくり分野では、一般的な市場における自由なサービス提供だけでなく、規制に係る事項をサービスとして取り組むこともあります。例えば、道路上で新規創業者を発掘するためにマーケットを開催する際には、道路管理者に道路占用許可を取らなくてはなりませんし、交通管理者たる警察に道路使用許可を取らなく

てはなりません。飲食店を出店すれば、保健所にも届けを出す必要が出てきます。いかにして許認可をスムースにとるか、特例要件を満たして使用料などの減免を受けるかも考えなくてはなりません。

以上のように、顧客を設定し、競合よりも優れた取り組みを行い、必要な資源を優位に確保する方法を検討しつつ、規制にも対応できる整合性のある形でシナリオを組み立てるのが、逆算型戦略立案です。

とはいえ、今の時代、正直言ってやってみないとわからないことが多々あります。戦略立案に時間をかけるくらいなら、まずは小さく始めてみることをおすすめします。

> エリック・リース『リーン・スタートアップ』日経BP社 2012
> 事業を仕掛ける際には、事業計画をしっかり立てて進めることが重要なのではなく、トライ・アンド・エラーを繰り返して事業を形にしていく方法こそが成功への近道である。これは本書でも触れられている通り、日本企業の強みでもあった。最初から万全の計画を立てて多額の資金提供を受けずとも、自ら作り上げていけることがわかる一冊。

> 伊丹敬之『経営戦略の論理』〈第4版〉日本経済新聞出版社 2012
> 伝統的な経営戦略論の中でも、自分たちが持つリソースで有効な一手を考えるための基本的なフレームワークが整理されている。伝統的なフレームワークが中心だが、地域の事業開発における競争戦略を考える上で、頭を整理できる一冊。

## Q. 自分で考えてみよう

ある地域において複数のビルマネジメントを効率化しようとした際に、初期には地元商店街や商工会議所から反対者が多かった。その中でいかにして、サービスを開始し、広げていくか。その戦略を考え

よう。

## A. 木下はこう考える

　まずは賛同してくれる少数のビルで、マネジメントによってコストを下げる実績を上げ、その数字をオープンにし、関心を持つビルを増加させていく。同時に、地元商店街組織とも提携し、受付業務や資金回収業務などを委託して、手数料を支払うモデルを採用するなど、地元にもメリットがある構造をつくり出して、広げていく。

　これは熊本城東マネジメントで採用した方法で、いくら事業の説明をしても、なかなか賛同する人たちが増加しないため、まずは少数で事業をスタートし、成果を生み出した。その成果を事業報告書として公表し、賛同者を集めたところ、論より証拠、実績に関心を示すビルオーナーや店舗が増加した。さらに最初は難色を示していた商店街振興組合とも提携して、商店街各店舗への営業や料金回収などを委託した。その手数料を熊本城東マネジメントからも支払う方式にすることで、加盟店がさらに増加していった。収益の一部でNPOに協賛してともに道路清掃活動をしたり、廃棄物処理を各店舗で徹底するために熊本市との連携も強化。活動を地元紙などで積極的に取り上げてもらった。

　やり始めて見えてくる問題やその解決策を、ある程度一貫性をもって判断することで、戦略が形づくられてくる。

## 8 実現力 プロジェクトを効率的に管理する

> いくら立派な情報整理をして、見事戦略をつくっても、現場でのプロジェクト・マネジメントができなければ、取り組みは形にならない。特に地域分野での取り組みは、専従者が山ほどいるわけでもないので、より機動的で生産的なやり方を心がけないといけない。

　地域でのプロジェクトは、目標を達成するために、日々の積み上げをしなくてはなりません。それぞれが決まった分担をこなしつつ、予期しない問題をその場で対応しながら、紆余曲折の先に成果が生まれ始めます。しかも、一定の成果を収めた後にも継続しなくてはなりません。

　日々の業務を効果的に進めるためのプロジェクト・マネジメントが、地域の活動では極めて大切です。だらだらとした仲良しクラブのような管理では、進みません。かといって厳しい管理だけではみんなのモチベーションも能率も下がります。いかに効果的にプロジェクトを進められるかが、成果を左右するのです。

　プロジェクト・マネジメントも技術です。やり方を覚え、実践すれば、確実に今までよりも物事は進めやすくなっていきます。

### ☑ 「タスク」「分担」「期限」を決める

　私の場合、過去に失敗したプロジェクト・マネジメントの多くは、戦略で定めた内容を細かな業務に具体的に分解できていませんでした。

やるべきことがあまりにも膨大にあって、とりあえず気合で進めようとするのですが、どこから手を付けていいのかわからず、考えているうちに時間がすぎて失敗してしまうのです。夏休みの宿題を8月31日にすべて終わらせようとして、山積みの課題を前に呆然と立ち尽くしている感じです。

しかしながら、一見、到達不可能な目標でも、より具体的な業務に分解するだけで、達成可能に見えてくることがあります。

例えば、周辺30km圏内の都市部でもっとも新規開業者が集まるまちをつくろう、という決定に基づき、向こう2年間で100件の新規事業を生み出すことになったとします。具体的には、新規創業者の卵を発掘するマーケットを開催するのです。

ただこれだけではマーケットの企画は運営できません。

・どのように新規創業者の卵にコンタクトをとるか（対外的なこと）
・マーケットを運営する時に必要なことは何か（対内的なこと）

このようにまずは、外向けと、内向けの要素に分けていきます。

新規創業者の卵にコンタクトをとる方法としては、知人からの紹介、ネット等での募集、新聞プレスを通じたPR、創業者向けセミナーの開催、などが見えてきます。

マーケットを運営する際には、告知、出店者受付、出店料決済、配置決定、当日の設営、アンケートの実施などが必要です。

これらをさらに細かな内容に分解していきます。分解できてくると、業務は一気にクリアになっていきます。何をすればいいのかがわかると、どうクリアしていくかが見えてきます。このような細かに整理された業務単位を「タスク」と呼びます。しっかりとタスクを整理できれば、プロジェクトは大きく動き出します。

タスクに分解する際には、第3章5でも解説した「ツリー」を活用するのが楽です。戦略に対して、必要とされるタスクをツリー状に整理するとタスクの優先順位や手順が網羅できます。

　タスクが整理されると、今度はメンバーで分担を決めていきます。タスクを整理したままだと、なんとなく誰かがやってくれると思い込んでしまって、タスクが放置されるため、分担まで決めておくのがプロジェクト・マネジメントの基本です。分担は、メンバーそれぞれの得意不得意で決めるのが良いと思います。

　まずは、メンバー自身がやりたいことを選択していきます。とはいえ残ってしまうタスクも誰かがやらなくてはならないので、仲間で分担します。重要なのは、「後回しにせず、すべてのタスクの担当者を決めること」です。後回しにするとたいてい放置されて、後でもめます。ここは半ば強引にでも決めていきましょう。

　その上で、次は期限を定めます。

　まちづくり分野では、たいていみんな他の仕事をしながらプロジェクトに関わります。つまり常日頃プロジェクトのことだけを考えていられるわけではありません。だからこそ、専従者がいなくとも推進可能な体制をつくっておくことが要求されます。

　この時に重要なのは、「期限を守ること」です。タスクの分担まで決めたものの期限を定めず、「できる時にやろう」となってしまうと、いつまでも達成されません。

　それぞれのタスク担当者が「いつまでにやる」と宣言して期限を主体的に定めてもらうことが基本です。ここで注意しなければならないのは、タスクによっては、別のタスクが終わらないと取り掛かれないことがあるということです。例えば、マーケットの出店者募集にあたり、募集チラシの作成を別の人が担当していれば、チラシが完成しないと募集を始めることができません。個々のタスクの相互関係を意識

しながら期限を設けていくことが、プロジェクト・マネジメントに求められる能力です。

みんながルーズだと、プロジェクトはどんどん遅延し、ついには破綻するでしょう。

また、専従者がいればすべてが解決するわけでもありません。その人に膨大なタスクを任せてしまい、プロジェクトが動かなくなることもよくあります。いくら忙しくても、それぞれがタスクをしっかり遂行するチームであれば、専従でだらだらと仕事をする事務局員がたくさんいる団体よりも大きな成果が出せることがいくらでもあります。

目標を現実のものにする「実現力」において、プロジェクト・マネジメントは不可欠なスキルです。多少厳しいことを言っても、タスクに分解し、分担を決め、期限を守る基本を徹底しましょう。

### ☑ 時には嫌われる役回りも必要

プロジェクト・マネジメントを進めていく立場は、地味で、時に恨まれることもあります。みんなにいい顔して好かれたい、いいことやっていると褒められたい、という人は向いていません。細かにプロジェクトの進捗を確認しつつ、自分のタスクもこなさなくてはなりません。遅延しそうな問題については手伝って遅延を防いだり、問題が起きた時には、厳しくその責任を追求することも必要です。

「今は忙しくてできない」と平気で言ってくる人に対しても、モチベーションを引き上げたり、時に厳しく指摘したりと、アメとムチを使い分ける必要があります。この時に離れていく人も当然います。適度に"いい加減"になりつつも、守らなくてはならないラインは守るという絶妙な姿勢と精神を保持することが大切です。

このように地味にやり続けなくてはならないプロジェクト・マネジメントは、表舞台に立ち、多くの人たちに共感を持ってもらう能力と

は相反する部分があります。プレゼンはうまいのに、日々のマネジメントができず、結果が伴わないということもよくあります。

まちでプロジェクトを進めていくには、格好いいことだけではすみません。時に誰もやりたくないことを率先してやらなくてはならないこともありますし、仲間から疎まれても負けずに進めなくてはならないこともあります。そのようなことを含めて、しっかりとプロジェクト・マネジメントできる人材こそが、困難を抱える地域を変えられるのです。

> 📖 エリヤフ・ゴールドラット『クリティカルチェーン』ダイヤモンド社 2003
> プロジェクト・マネジメントの問題をビジネス小説の形で解説している。あるプロジェクトがうまくいかない時は、一部分の問題だけを解決しても無意味で、全体で生み出す成果を引き上げるポイントを見せないといけない。プロジェクトの効果的な進め方がわかる一冊。

## Q. 自分で考えてみよう

ここでは、マーケット事業の立ち上げを想定してみよう。

自分がプロジェクト・マネジャーとして、誰が、いつ、何を行えば、50店舗ほどが集まるエリアを変えるきっかけとなるマーケティング事業を立ち上げられるのか、考えよう。

マーケット事業は単に出店者を集めたイベントでは意味がない。あくまで自分たちのまちで事業を始める新たなプレーヤーを養成し、その地域が実際に出店可能な環境にあることを示すものであることを忘れてはいけない。

## A. 木下はこう考える

プロジェクトマネジメントを行う上で忘れてはならないのは、まず全体の行程の設計である。

思いついたことをその時々にやっていくだけでは、必ず忘れてしまうことがある。最初に必要なプロセスを自分なりに設計する必要がある。

2章でも紹介した枚方市の五六市というマーケットでは、毎月200件以上の出店を受け入れている。しかしこれらは単なる集客イベントではなく、行政予算依存でもなく、新たな出店者をまちで迎え入れるための事業であり、まちに投資する財源を稼ぐための収益事業となっている。

それらマーケットの立ち上げをみると、大きく分けて、以下のような行程が必要になる。

①コアメンバーの確保
②場所の確保
③出店料の決定
④出店者の営業と選別
⑤ブランディング・プロモーション
⑥区割りと出店者の配置ぎめ
⑦保険契約
⑧当日の搬入搬出対応
⑨開催アンケートの実施
⑩次回開催準備へ

まずは自分で構想をまとめ、コアメンバー確保のために口説いて回らなくてはならない。コアメンバーは3～5人もいればよいが、その

時に活用可能な場所を所有している人を仲間に入れなくてはならない。いきなり道路上が難しければ、空き地や駐車場を使えるようにするためである。

　さらに、郊外店舗を経営するオーナーや、自宅でネットで商品を販売している人などをコアメンバーに勧誘し、出店者確保を図る。

　出店管理にあたっては、WEB サービスを活用し、オンラインで出店情報を集め、出店料はクレジットカード決済にも対応すれば、手間は最小になる。

　このように一つ一つの工程で工夫をすることによって効率的なマーケットを運営できる。いつ開催するかわかるようにするプロモーション面での配慮により、毎月第二土曜日といったように周期を決める。ただし、毎月開催するためには、常に 2 ヶ月先くらいまでを見据えて行程管理をやらなくては追いつかなくなることに注意。

　一つの小さなプロジェクトも、しっかりと実績を上げ、予算に依存せず続けていくプロセスを作ることは決して簡単ではない。だからこそ、計画的に進め方を固めなくては、継続できないのである。

# 9 実現力 やる気を引き出し、良い結果を導く

厳しく管理をすればプロジェクトが円滑に進むわけではない。プロジェクト・マネジメントと一体的に行われるべきなのは、モチベーション・マネジメントである。プロジェクトを推進する中では予想もしない困難が発生するが、チームのモチベーションが高ければ、突破することができる。

## ☑ モチベーションを高めることも技術

 まちづくり分野においては、給与などのインセンティブによって人材を囲うといった管理はほとんど通用しません。また、町内会、議会、行政など非営利かつ権威的な組織に関与する人たちと動くことも多くあります。こういう人たちを通常のプロジェクト・マネジメントの手法だけでまとめ上げることは極めて難しいのです。そこで試されるのが、モチベーション・マネジメントです。

 モチベーションとは日本語でいう「動機付け」、つまり自分がそのプロジェクトに取り組みたいという前向きな姿勢を引き出すことです。

 動機付けには「全体のストーリー」と「個人のストーリー」の両方が大切です。

 「全体のストーリー」とは、そのプロジェクトに社会的な意味を感じ共有できる価値です。「個人のストーリー」とは、プロジェクトに取り組む上で、「自分でなくてはならない」という必然性を感じることです。

 「全体のストーリー」においては、自分たちがやろうとしていることが社会にどんな影響を与えるのか、どれだけ意義のある特別なことな

のかを明確にする必要があります。ここでは、当初のヴィジョンを常に確認しながら取り組むことが大切です。日々のタスクに追われてしまうと、モチベーションは下がってしまいます。常に自分たちの取り組みの意義を確認する必要があります。

「個人のストーリー」においては、なぜそのプロジェクトに関わるのか、そのプロジェクトを通じて、何を得ようとしているのか、という意義を個人が自覚することが必要です。その自覚が曖昧なままだと、関わり方は必然と希薄になってしまいます。全体のストーリーと、個人のストーリーが重なりあって、ようやくプロジェクト全体の熱量は上がっていきます。全体としてはやるべきことだけど、個人にとっては意味も関心もなければ、モチベーションは上がらず、良いプロジェクトになりません。

この２つのバランスは、常に確認し続けましょう。最初は全体と個人のストーリーに整合性があっても、徐々にずれていってしまうこともあります。また、人生それぞれのステージで達成していきたいこと、優先すべきことも変わってきます。ずれてしまった時は一旦、気持ちよくチームから離れてもらったり、新たなメンバーを集めることも意識的にやらなくてはなりません。

ここで、モチベーションを維持する上で役立つ方法を整理します。

## ☑ 「報・連・相」は細切れ時間と自動化で対応する

関わる人が無駄だと思う作業が増加すると、モチベーションは低下します。

例えば、メンバー同士で取り組み内容を共有するために、日報、週報、月報を書くことは、監視されているようでプレッシャーを感じますし、作成するための時間も積み重なれば膨大になります。

かといってマネジャーが全部の資料に目を通して個別にサポートを

することもありません。逆にそれは、マネジャーにとってプレッシャーになります。

さらに日々の細かな請求作業、領収書などの精算業務、会議の予定調整など、地味でかつ意味のない作業はできるだけ簡略化しなければ、モチベーションは下がる一方です。地域での取り組みでは、このような細かな作業を極力減らしていくことが大切です。行政との付き合いが多くなると、書類や報告書ばかりが増加して、いつの間にか「それが当たり前」だと勘違いしてしまう人がいますが、危険です。

同時に、これらはプロジェクト・マネジメントに関するコストにも跳ね返ってきます。たとえ関わる人の多くに報酬がない場合でも、提供できる時間は有限です。その有限な時間を無駄に消費することは、プロジェクトにとってマイナスです。もっとプロジェクトの成功に関わる重要なことに時間を使ってもらうべきでしょう。

では具体的にこの状況をどのように解決していくのか。それは、インターネットの各種アプリケーションを活用するのが一番です。

私が1998年に早稲田商店会に関わった段階で、メンバーの多くはインターネットを活用していました。若者だけでなく高齢の方も含めて、インターネットを活用しないと、そもそも活動に参加できなかったのです。というのも、メンバーの8割以上は地元以外の会社員、行政マン、大学教授、組織経営者などで、普段から一緒のオフィスにいるわけではありません。やりとりは基本メーリングリストを使って行っていましたが、当時、地域活動の話し合いをメーリングリストで行うことは、gmailも常時接続できるインターネットも基本的に存在しない時代に画期的でした。

2000年頃にはメンバーのネット利用率は100％でした。このメーリングリストの管理を通じて、全国各地で積極的に活動をしている100名以上の方々と知り合い、今の付き合いにもつながっています。

インターネットを活用することで効率のよいプロジェクト・マネジメントが可能になりました。回覧板よりも、リアルに集まる会議よりも、ストレスなくそれぞれの時間を活用してプロジェクトを進められました。

昭和型の報・連・相などを真面目にやっていたら、コストと時間がかかりすぎて、プロジェクトが成功しません。新しいやり方に切り替えていきましょう。

## ☑ ネット活用で円滑なプロジェクト・マネジメントを

プロジェクト・マネジメントを効果的に行うためには、ネットを活用するのが重要です。10年前だと多額の投資をした大企業でなければできなかった情報通信インフラを日常的に活用でき、無料のサービスも山ほど展開されています。

ただでさえ人手がなく、資源に限りがある地域の取り組みでは、ムダな手間はとことん削減し、効率的なマネジメントを実現していくのが大切です。

データ管理と打合せの効率化に活用できるツールを紹介します。ただしこの分野は日進月歩ですので、活用すべきツールはどんどん変わります。使えるツールはその都度導入していきましょう。

### データ管理の効率化

内部での情報共有を促すためには、業務に関わる文書や手続きなど、すべてネットを介したデータで取り扱うことが有効です。紙にしてファイリングしているとオフィスに行かないと仕事になりませんし、メンバーが異なる場所にいる場合には不向きです。いつでもどこでも情報を取り出せるようにしましょう。なおかつ、デジタルデータであれば簡単に検索もできます。紙ではなく、データで保管し、みんなが

どこにいても簡単に活用できることが、内部情報共有の基本です。

例えば、私がここ数年使っている**ファイル共有やスケジュール管理サービス**(Dropbox、googleDrive、googleカレンダー、サイボウズなど)はすべて基本料金が無料です。これだけ素晴らしいサービスを無料で利用できるいい時代です。

**打ち合わせの効率化**

プロジェクトを円滑に進めていく上で、打ち合わせなども効率的に行わなくてはなりません。何しろ時間は限られています。私はいつもSkype、googleハングアウト、facebook、LINEなどのツールを活用して時間を効率的に使っています。

## ☑ チームの共有時間をしっかり取る

ここで紹介したネットサービスはすべてスマホ対応しているので、スマホにアプリをダウンロードし、日常的にプロジェクトに関する情報を確認し、無駄な作業を自動化することで、プロジェクトワークに集中できるようになります。

とはいえ人間関係なので時折時間を合わせてみんなでご飯を食べながらいろいろな話をすることも必要です。効率化で浮いた余剰時間を活かして、中長期的な方向性を確認する時間をつくるのです。そこで全体のストーリーと個人のストーリーの確認をしておくと、日々のプロジェクトもさらに円滑に進むようになります。

ネットはあくまで道具の一つで、その道具によって削減できた時間を、あえてリアルの生産的な時間に活かしていくことが大切です。

このようなツールを使うことで、少ない人数でも効果的にプロジェクトを進められます。この恵まれた環境を活かして地域での取り組みを伸ばしていきましょう。

> 📖 ダニエル・ピンク『モチベーション 3.0』講談社 2010
>
> 人々が本気になって地域での取り組みを進めていくためには、懲罰や金銭だけではない、新たなモチベーションを引き出す必要がある。兼業で取り組まれることも多く、それぞれの人にとって優先順位を高めたいと思わせる仕掛けが重要。その方法論を考える上で役立つ一冊。

> 📖 フィリップ・コトラー『コトラーのマーケティング 3.0』朝日新聞出版 2010
>
> マーケティングと一言に言っても、この数十年でどんどん変化してきている。その流れを理解し、いまが地域活性化で重要な事業を顧客に向けてどのように展開していくのか。コンサルに騙されて昔ながらの方法にとらわれたら終わりだ。マーケティング手法の変化を理解し、新たなやり方に対応する上で役立つ一冊。

## Q. 自分で考えてみよう

事業が成果をあげると、全国から視察見学の要請が殺到する。

従来は電話などで受付し、地元の人たちが無報酬で対応していた「視察見学」を、インターネットを活用して効率的に運用し、利益を生み出す仕組みへと変える方策を提案せよ。

## A. 木下はこう考える

全国に地方自治体議会議員は約3.4万人いる。さらに市町村の地域活性化に関連する部署を合わせれば、さらに数万人の企画担当職員もいる。彼らが成功事例を毎年視察にいくための市場は決して小さくない。視察見学対応を効率的に行わなければ、現場は大変なことになってしまう。有名になった地域では、電話で一つ一つ受け付けていれば、電話番の人を雇わなくてはならないほど忙しくなる。これを効率化す

ることは極めて大切なのである。

　実際には、次の3つの対策が考えられる。

①受付をWEBに統合して効率化

　WEB上にて視察受け入れ可能日を選択できるようにし、個別対応はしないようにする。1団体ごとに対応するのではなく、曜日を限定して視察対応するものとし、複数地域合同で対応することで効率化する。

②細かな有料モデルを設ける

　視察受け入れを事業化し、地域の収入になるようにする。さらに説明する内容や対応者によってオプション料金を設定し、web上で処理を完結させる。

③利益をまちづくり財源として活用

　これらによって発生した収入を地元でのまちづくり財源として活用できるようにする。

　2015年から岩手県紫波町におけるオガールプロジェクトの視察見学受け入れに、上記のような自動化システムを導入して成果をあげている。職員1人が受付を兼務するだけで、2200人以上の受け入れを達成。さらに利益の一部を活用し、地元図書館へ100冊以上の書籍を寄贈している。

　このように自動化することで視察見学対応で疲弊することなく、さらに地元活性化につなげるモデルにできるのである。

## 10 組織力 みんなで取り組むからこそ失敗する

> 集団でプロジェクトに取り組む時には、様々な注意点がある。単にみんなが集まって取り組めば、個人でやる時より大きな成果が生まれるとは限らない。むしろ、個人で取り組む時よりも様々な落とし穴があることに注意しなければならない。人間が集団で動く時の特徴を認識し、組織力を活かそう。

　まちの取り組みを牽引する上で「組織」に関する知識・技術は不可欠です。

　組織自体を政治的に捉えている人もいると思いますが、まちでの取り組みにおいて重要なのは、経営的に組織を考える力です。単に物事を政治的に解決したり、互いのメンツを保とうとすると、事業は確実に失敗します。

　個人で取り組む段階と、チームになった途端に起こる様々な問題を事前に認知しておく必要があります。これまで解説してきたように、プロジェクト・マネジメントとは、目標を決め、具体的な進め方をみんなで共有し、モチベーションを高めながら進める技術で、「攻め」に関するものでした。一方、ここで説明するのは「守り」、もしくは事前の「備え」として集団でプロジェクトに取り組む時の注意点です。人が集まることで、良い方向に働くこともあれば、むしろ悪い方向に働くことも多々あります。私もこれで何度も失敗をしてきました。組織力は活かすのが難しい分野です。

## ☑ みんなで「正確に」話すことは難しい

「三人寄れば文殊の知恵」というように、「みんなで決めよう」という民主的なプロセスは多くの方に好かれています。学校教育の段階からも、個人の持つ情報や意見を出し合い、共有すれば、個人で考えるよりも素晴らしい結果を生み出すことができると考えられています。

本当にそうでしょうか。

誰か一人が決め、動き出して社会を変えることは多くあります。歴史的な偉人たちも「みんなの意見を聞いたからそうしました」ではなく、自らの決断と意志を貫いて、それが全体に波及したことが少なくありません。

一方で、賢い人たちがみんなで考えたにも関わらず、その結果、暴力的なこと、違法なこと、とんでもない失敗をする組織、国家も歴史的に少なくありません。集団での意思決定には、様々な構造的問題があり、それらを認識した上で行わなくては、思わぬ落とし穴にはまってしまいます。

地域で多くの人を集めて会議を何度も行い、賢い人を呼んできてアドバイスをもらったのに、とんでもない計画が進んで不必要な施設ができてしまった経験はありませんか？

以下は一般的に言われる、「みんなで考える」時に生じがちな罠です。

### 自分の意見を表明するスキル不足

そもそも自分の意見を正確に相手に伝えるためには高度な能力が必要です。誰もが話すのがうまいわけでも、プレゼンテーション能力に長けているわけでもなく、正確に他人に情報を伝えられずに誤解を生み出します。

**素直に理解するスキル不足**

　人間はそれぞれに自分なりの考えを持っています。また社会的なヒエラルキー（年齢や社会的地位など）による上下関係もあります。結果として、他人の情報を素直に聞くのが困難で自分流に理解してしまうことが多くあり、誤解が生じます。

　このように集団で討議する上で、話す側、聞く側双方のスキル不足により、誤解を生み出すことがあります。

　みんなで行う会議の場では、この他にも表に示すような問題が発生することがあります。ブレーンストーミングやワークショップなどでも起こりがちで、単に開催すれば良いものになるとは限りません。

　みんなで考えることが素晴らしいと思ってしまうと、誤解を重ねていって、とんでもない結果を招くことがよくあります。会議が不要と

| | |
|---|---|
| 自分勝手な行動 | みんなで考える場にもかかわらず、身勝手な行動をする人がいることで、議論に集中できない |
| 社会的な手抜き | みんながいるからといって意見を積極的にださないでフリーライドしようとする人が現れる |
| 集中できない | うるさいため、集中力が失われて生産的な案を思いつけない |
| 発言しない | みんなで議論している間に、思いついた意見を忘れたり、気を遣って言うのを控えたりする |
| 評価懸念 | 自分の意見に対する評価を気にして発言を控える |
| 不参加 | そもそも会議に参加しない |
| 横道にそれる | 主題とは関係ない話に時間をとられる |
| 話の腰を折る | 生産的な議論が行われ始めたのにもかかわらず、邪魔を入れられる |
| 変な仕切り屋 | 勝手にとりまとめを始めたり、仕切りはじめるリーダーが出現する |
| 圧力をかける | 高圧的な態度、感情的な威圧を行う人がいる |

いうわけではありませんが、このような落とし穴にはまらないようにしましょう。

重要なのは、みんなで話し合う前の「個人ワーク」の設定です。

いきなり会議を行うのではなく、その前に個人でワークを行うことです。それぞれが自分でしっかりと考えた上で意見を出す。個人がその場で思いついたことを言うだけでは、いい結論に至るどころか、先のような落とし穴にはまってしまう確率が高くなります。

## ☑ みんなで決めると間違える

「みんなで決めよう」となると、間違いが多発します。

意思決定は「みんなで決めればよい」のではなく、地域の目標に沿った「結果を生み出す」ことを優先しなければなりません。限られた人材、限られた資金の中で成果を上げなくてはならないので、「みんなが納得したらOK」というわけにはいきません。ここがとても大切です。

そもそも多くの人は自分の責任で意思決定することを避けたいと考えています。そのため、できるだけ、個人にとってリスキーな意思決定を避ける傾向が強く、毒にも薬にもならない結論に至ってしまうこともあります。

しかしそれでは地域での取り組みは良い方向に進みません。集団の意思決定は、打算的な結論を繰り返してしまう原因の一つになります。

集団で意思決定を行う際の代表的な問題点を挙げてみましょう。

**意思決定するために情報が偏る**

みんなで意思決定に必要な情報を集めて議論を進める場合には、手元にある情報を前提に議論を行ってしまいがちですが、その共有されている情報自体に偏りがあります。

そもそも共有されている情報は不完全であり、もっと重要な情報を

見落としている可能性があることを認識しなくてはなりません。

　意思決定に関わる議論には、以下の2つの目的があります。

　　①良い意思決定を行うために情報を伝え合う
　　②議論を通じて他者に影響を与え、他者の意見を変えて合意形成を目指す

　集団による意思決定の場では、①よりも②の方が優先されてしまうのです。

　当たり前ではありますが、その時に意思決定をしようとすると、どうにか落とし所を探して妥結しようとします。つまり、合意形成自体が目的化されてしまうわけです。

　結果として、実は致命的な情報を無視しがちです。よくあるのは、「やらない」という選択肢を最初から消してしまっていることです。

　常に、欠けている情報はないか、注意深く意識して意思決定に参加し、場合によってはどんでん返しも辞さない。長い目でみれば重要なことはたくさんあります。

　ただしこのような意思決定がされるのも「みんな」という曖昧なグループでやっているからです。もし自分で資金を借り入れて事業をやるのであれば、必死に考えますし、意思決定すべきではないタイミングには意思決定をしません。

　つまり、意思決定ばかりを優先するというのは、責任を自分たちでとる覚悟がないという証拠です。

**好き嫌いで情報は偏る**
　個人の先入観や好みで情報を集めてしまうことを確証バイアスと呼びます。本を読んでいても、自分の意識に合う名文句は頭に残ってい

ても、それ以外は何が書いてあったか全く記憶していない人も多いと思います。付箋を貼ったページと貼らないページがあるのが、まさに確証バイアスです。

意思決定が優先される場ではこれがより顕著になります。自分たちにとって都合のよい意見をいう人や情報を集めるようになり、多角的ではない偏った情報にもとづいて意思決定が行われてしまいます。

しかし、参加する人たちが同じような思考の人たちばかりだと、手元にない決定的な情報が抜け落ちてしまうこともあります。

意思決定は時にドラスティックにやらなくてはなりませんが、情報を集める段階では多様な人から集めた方が効果的です。偏った仲間で偏った情報をもとに意思決定をするとろくなことになりません。

都合の悪い情報も含めて聞く耳を持ったほうが得策です。それらを含めて意思決定をすることが、結果に良い影響を及ぼします。

意見は幅広く聞く、しかし意思決定はリスクを負えるメンバーでやる、この切り分けが極めて大切です。

**優れた提案が潰される理由**

地域での取り組みは、優秀な人材が発案するプランが採用されるとは限りません。例えば、別の地域から移り住んだ、もしくはUターンで戻ってきた人が提案する内容よりも、地元で長年取り組みをやってきて人望の厚い人の意見のほうが優先されることが多くあります。

以下の3条件下では、いくら優れた提案でも、組織で採用されることは極めて困難だと言われています。

　　①優秀な提案を考案したメンバーがその組織内で地位が低い場合
　　②優秀な提案を考案したメンバーが自ら自信を持っていない場合
　　③その提案にみんなを納得させるだけの驚きがない場合

つまり、組織内でそれなりのポジションにあり、自信に満ち溢れ、さらにみんなが納得するだけの新たな視点をもった提案でない限り、優れた提案であったとしても棄却されてしまうことが多いのです。

　この解決策は結構簡単で、意見を最初から一本化しようとせず、一つの取り組みに固執しないことです。Ｕターンで戻ってきた若い人にやりたいことがあれば、どんどん挑戦してもらえばいいのです。実績ある人がやるべきことがあるのであれば、それもやればいい。結果をみれば、どれが良かったかが明らかになります。

　それを地域政治的に「まだ帰ってきたばかりなんだから勝手にやってはいけない」と言って潰してしまうと、優秀な人材が活躍できません。考えのある人なら誰でも試してみることができる、それが大切です。私たちも勝手に地元の少数チームと事業を立ち上げることが多いです。親会の長老たちには適当に話しておくだけで、若手チームだけでやってしまいます。ここで重要なのはスピード感です。

　そもそも、今ある地域の団体や自治体などに自分の意見を採用してもらおうと思うのは大間違いです。まずは自分でやってみる。逆に地域の団体や自治体は、外からやって来た変わり者が何かに挑戦する時、支援はできなくとも、決して邪魔はしないことです。

　すべては結果を見てみないとわかりませんが、その結果で地域が崩壊することはありません。やらなければむしろ衰退するだけですから、まずはどんな挑戦でもしてもらうことが大切です。どうせ優秀な提案は、既存組織ではなかなか採用されないのですから。

## ☑ 集団浅慮に気をつけろ

　これまで述べてきたように、みんなで意思決定をしようとする上での問題点が招く状況を「集団浅慮（しゅうだんせんりょ）」と言います。その特徴をあげていきます。

**集団の力と道徳性の過大評価**

　ある組織やグループが、自分たちは有能で優れた意思決定を行っているという幻想を持っていることがあります。地域の中でも「自分たちだけが特別」だという意識を過剰に持って、それに沿うような発言ばかりをしていると危険です。その考え方が、「過大なリスクテイク」に走る傾向があるのです。

　自分たちの考えは必ず世の中にも認められると信じて、組織内で検討ばかりしていると、このような過大評価に陥ることがあります。

　私も熱をおびすぎていないか、その地域のメンバーと常に確認し合います。勢いがないと何事も進められないけれども、思い上がってしまうと当然足元をすくわれます。常に自分たちが間違っているのではないか、という意識を持つことは、冷静な意思決定をする上で、とても大切です。

**閉鎖的な心理傾向**

　不都合な情報を排除して意思決定を行おうとする人は、自分たちと同じような事業を展開する相手の能力を見積もったり、敵のリーダーを悪人や無能であると決めつけ、みんなで批判することで組織の結束を図ることがあり、とても危険です。

　例えば、コミュニティカフェをやる組織が、周辺のカフェのことを「単なる商業目的でやっているカフェに自分たちのコミュニティカフェは負けるはずがない。なぜならば、みんなが触れ合うという素晴らしい価値があるからだ」というような見方をし、それを補強する情報ばかりを集めて意思決定をすることがあります。

　また、大規模な再開発ビルを建設する際にも、「国や自治体、市民などまちぐるみで協力して建設する施設が、単なるショッピングセンターに負けるはずがない」と自負していたのに、短期で破綻してしまうこと

があります。そこには、計画段階での閉鎖的な心理が見られます。

**斉一性への圧力**

　集団の結束力が高まると、斉一性の原理が働き、統一的な意見にまとめるための圧力が生まれ、意思決定を歪めます。

　自分の意見が前提の流れに沿っていない場合は発言を自重するようになります。「空気を読む」と言われることです。じきに満場一致を強要するようになり、誰も反対意見を述べないために、他の人たちはプランを支持しているのだとみんなが思い込むようになります。

　さらには、異なる意見を言う人に対して、圧力を与るような人さえ現れます。反対意見を未然に潰し、都合の悪い情報を排除しようとするのです。

　その結果、たくさんの時間を使って「みんなで考えた」はずの意思決定が、大きな過ちを生み出してしまうのです。マネジャーは意思決定を行う際に、このような集団浅慮が起こらないように常に客観的に議論の推移や、集まっている情報の中身に目を配りつつ、時にトップダウンで物事を決めることが重要です。

　経営合理性にかなう決定をしなければ、プロジェクトは破綻します。その覚悟がなければ、マネジャーとしてプロジェクトを推進することは不可能です。

　みんなで考え合意形成して実行するのではなく、「とりあえず出てきた提案でやれそうなものはやってみる」という姿勢で、結果をもって提案を判断するということが極めて大切です。

## ☑ マネジメントの責任はどこにあるか

　地域活性化やまちづくり分野においては、民主的な組織モデルや、ネットワーク型の緩やかな組織を高く評価する人たちが多くいます。

ネットワーク型組織は、階層的な上下関係ではなく、相互依存関係をもとにして構築される組織モデルです。

もちろん、ネットワーク型組織が役に立つこともありますが、かといって上下関係をしっかりと持ち、意思決定の流れが明確になっているヒエラルキー型の組織が無用の長物になったわけではありません。ここが大変重要な点です。

組織モデルは、使い分けることが極めて大切です。

集団でスムーズに動くためには、一定のルールを定め「決断する人を事前に決めること」、また組織での権限を事前に分担し、その分担領域に責任を持って判断して進めることが重要です。誰もがすべての情報にアクセスする必要はなく、すべての情報をもって意思決定に参加する必要もありません。人間が考えられることの量には限りがありますから、集中力を高められるように制限していくことが大切です。

そして、このような権限と責任の範囲にもとづいて、組織的成果と個人的成果とを結びつけて考えられるように、報酬などに反映することも必要です。

この時には、ヒエラルキー、公式ルールを考えなくてはなりません。それこそがマネジメントの仕事であり、その組織を通じて生み出される結果に対して責任を持つことこそがマネジャーの役割です。

地域における事業で中核となる組織では、プロジェクトに応じたヒエラルキーを設計し、確実に業務を遂行しなくてはなりません。ここを緩いネットワーク型組織で経営していくと、前述したように意思決定の段階で落とし穴にはまります。

一方で、地域における事業には直接的な雇用関係にない、様々な協力者が現れます。住民もいれば、自治体の関係者もいるでしょうし、地元学校の学生もいるかもしれません。その時々に手伝ってもらう人たちには、特段のプロジェクトにおける役割や、上下関係を設ける必

要はなく、ネットワーク型組織が合っています。

　私が関わっていた早稲田での取り組みでは、新しい企画を個別のグループが考えて、互いに意見を出し合いながらネットワーク型組織モデルで進めると同時に、プロジェクトごとに一定のヒエラルキーを設定していました。

　新たな地域でプロジェクトを立ち上げる場合、参加メンバーの状況を見て、どこで一定のヒエラルキー型組織を設定し、どこをネットワーク型組織で進めていくのが得策なのか意識する必要があります。

> 📖　**戸部良一他『失敗の本質』**中央公論新社 1991
> 　先の戦争において日本軍が様々な戦場で行った失敗を細かく分析している。しかしそれは、「昔の話」だと片付けられないほどに、日本の組織や地域が現在行っていることは変わっていない。なぜそのような問題が起こるのか、そしてどう解決しなくてはならないのか。我々に日本型組織が抱える問題をつきつける一冊。

## Q. 自分で考えてみよう

　プロジェクトを進めていく上で、多くの人からの情報を取り入れつつも、事業においてはリスクを負う人たちでしっかり意思決定を行っていくには、どのような組織モデルが適切だろうか。

## A. 木下はこう考える

　地域での取り組みは小さくスタートさせ、育てていくしかない。また、不必要に多くの人を巻き込んではもめる原因になる。かといって、小規模にやっているだけでは、プロジェクト成長力に限界も訪れる。そこで、組織設計が重要になってくる。

AIA と地元地権者が愛知県春日井市勝川で進めているプロジェクトでは、いくつかの組織を使い分けて事業を推進している。まず、地元地権者たちによる共同出資会社である勝川商業開発という会社は、地域で使われなくなった不動産などを買収し、再生していくディベロッパー的な役割を果たしている。さらに、勝川商業開発やその他の会社が所有する施設の効果的な管理運営をしていくために、勝川エリア・アセット・マネジメント（以下、KAM）という会社が設立されている。KAM は民間施設だけでなく、低利用の再開発施設や、道路・広場などの利活用に関しても積極的に動くことを目指しており、まちの面的な管理を通じた不動産価値向上を目指している。

　勝川の活性化に向けた取り組みには、不動産所有者とテナントだけでなく、これらのプロジェクトに協力する銀行、行政、建築をはじめとして事業に必要な人材が集まっている。

　これらメンバーが集まり、オンラインでのやりとりや、定期的な会議を行っているが、リスク負担と意思決定は明確になっている。勝川商業開発が投資するプロジェクトにはその役員と投資家で意思決定し、管理運営に関する投資については KAM の役員と投資家が意思決定を行う。これらの区分をしっかりと設けていることが重要である。

　地域での取り組みは一つの組織に集約する必要はなく、プロジェクトごとに組織を分ければよい。企画などについては適宜必要な人材に声をかけてチームを増強していくが、事業に関連する投資には、それぞれの組織に対してリスクを負っているメンバーで意思決定をするルールを明確化する。リスクを負わずに参加し、単に意見を言うことは混乱しか招かない。

## 11 対象を絞り逆算で開発する
**営業力**

> 地域での取り組みにおいて重要なのは、ターゲットを決め、営業することである。どれだけ素晴らしい計画であっても、営業力がなければ、絵に描いた餅である。商品開発、施設開発など、何をするにも、最後は営業につなげなければならない。いくら公共性があることでも利用者を開拓しなければ、それは無用な取り組み、単なる自己満足に終わる。

### ☑ 地方にはピンホール・マーケティングが効く

　まちづくり分野でよくある問題の一つに、「みんなのために」という掛け声があります。しかしながら、「みんな」とは誰でしょうか。「みんな」なんて人は存在しません。具体的に誰なのか、ターゲットを明確化できない取り組みに価値はありません。

　対象を明確化しないのは、自分でもターゲットがわかっていない証拠です。それは結局のところ、取り組み自体が自己満足な内輪受けのものにすぎないのかもしれません。もしその取り組みに、参加者が集まらず、集まってくれた人の誰も対価を支払わないで帰ってしまったら、それはつまり、お金を支払いたくなるほどの価値はなかった、ということです。

　無料でも参加したくないものには参加しない。有料でも参加したいものにはする。その真実と向き合わなくてはなりません。そんな時は、まずターゲットが明確に設定されていたかどうか、再確認しましょう。

　一方、しっかりと成果を上げている取り組みは、そもそも絞り込ん

だ「明確なターゲット」に向けて実施されています。営業力の基本は「誰に」が明確であることです。そしてその「誰」に対してコンタクト可能なネットワークを有していることです。自分で営業もできないような層に向けた取り組みほど、地に足のつかない計画はありません。富裕層に向けて商品を売ろうとしているのに、富裕層の知り合いもおらず、営業の仕方もわからないとか、子育て世代を対象としているのに、地域には子育て世代がいないとか、そういう冗談のようなことが起きているのです。

**バレーボール専用に絞り込んだ民間投資の体育館**

　岩手県紫波町におけるオガールエリアで開発された、完全民間資本のオガールベースには、バレーボール練習専用体育館がつくられています。盟友である岡崎正信さんが自ら借金してつくったものです。経営が成立するように、合宿可能なビジネスホテルと商業テナントを入居させるビジネスモデルを構築しています。

　彼は若い頃からバレーボールをやっていて、自ら練習環境の悪さを痛感していました。全国には複合型の体育館はありますが、バレーボール練習専用体育館は国内にほとんどありません。それを地元につくれば、全国がマーケットになり、そこに営業することで地元に利用者を呼び込むことができる、そう考えたわけです。何より彼は日本バレーボール協会など、その業界のネットワークを持っており、バレーボールであれば自ら営業できると踏んだのです。

　まさにピンホール・マーケティングの好例です。バレーボール練習専用体育館ですから、バレーボール用のコートの線しか引かれていません。バレーボールの国際試合基準であるタラフレックスというフランスのメーカーの床を採用しています。練習に必要な撮影システムも完備するなど、とことんバレーボール専用です。このように絞り込ん

だからこそ最適化できるのです。バレーボール市場は野球市場より小さいけれども、確実に存在していて、何よりそこに自ら営業できることが強みです。どこにもないものにすることで、逆に利用者の市場は、全国もしくは世界を対象にできます。

　今、この体育館の稼働率は90％を超えています。全国から様々な合宿の申込みも相次いでおり、さらにオガールアカデミーという特訓プログラムまで用意して優秀な人材育成に取り組んでいます。

**自転車乗りを対象にした宿泊施設**
　世界的に注目を集めているサイクリングロード、瀬戸内しまなみ街道の起点となる尾道に、自転車乗りをターゲットにしたホテル・レストラン・バー「onomichU2」が誕生しました。使われなくなっていた海運倉庫をリノベーションした建物も極めて特徴的です。さらに、日本で初めて自転車に乗ったままチェックインし、自転車ごと部屋に入れるという仕掛けもされており、ターゲットを絞りきった宿泊施設であることがわかります。併設されたレストランやバーもおしゃれで、新たなライフスタイルを感じさせる拠点になっています。

　瀬戸内しまなみ海道を走りたいという国内外の自転車乗りを対象にした素晴らしい事業展開となっており、その環境を活かしてシェアオフィスや、ゲストハウスの展開、さらにオリジナル商品の販売など、域内・域外収支の改善につながるような稼ぐ取り組みがどんどん生まれています。この事業を牽引しているのは、地元の40代若手経営者たちで、高校の先輩後輩のネットワークでの取り組みを形にしています。

　経営感覚をもった人たちがピンホール・マーケティングを行い、それに必要な資金は金融と向き合いしっかり調達するという時代が、既に動き出しています。補助金をもらってどこにでもあるような取り組みをするのは、遠い昔の手法になっているのです。

## ☑ 絞り込むこと、組み合わせることが重要

　単なる修学旅行生誘致、多目的運動場、多目的体育館、平凡な宿泊施設は、「誰にでも受け入れられるので安心だ」と仕掛けられてきました。そのほうがターゲットの多さをアピールできるので、会議においても同意をとりつけやすいでしょう。

　しかし実態は、誰にでも適応できる事業は、それを狙う様々な競合がすでにいて猛烈な競争が起きています。隣近所にあるような万能体育館、普通のビジネスホテル、どこにでもあるようなジャム、どれも熾烈な競争に自ら飛び込むだけです。こういった適当に万能なものは、結局誰に対しても要らないものになる危険が高いです。

　明確なターゲットを定め、絞り込むことで、一見顧客や利用者数が減るように思われますが、逆に小さいものの方が狙っている競合が少なく、市場を日本、世界へと広げられるわけです。実は競争が少なく、市場でのシェアも広げやすいというのは、合理的な話ですが前例のないものへの挑戦は、集団での意思決定の場では合意を得にくいことでもあります。しかし、事業の基本は「希少性」です。どこにもないものをやる、これが地域活性化における基本のスタンスです。

　何より、個々人の趣味趣向が多様化している昨今、特定のターゲットに最適化した取り組みが求められています。そのような取り組みこそが、地域に必要な新しい人を呼び寄せ、経済効果にもつながります。

　とはいえ、あまりにも自分勝手にターゲットを絞り込むと、当然ながら誰も使いません。絞り込んだそのターゲットが確実にいるのかを調べるのは当然のことです。単なる思いつきでターゲットを絞り込んでもダメですし、成功事例をみて真似をしてもいけない。独自の営業が可能な領域で絞り込むことが大切です。あくまで営業力を活かせる絞り方ができるか、これが問われています。

> 📖 W・チャン・キム他『新版 ブルーオーシャン戦略』ダイヤモンド社 2013
> 資源も乏しい衰退地域がわざわざ競争の激しい分野で勝とうなんて思ってはいけない。自ら掘り下げた、大きな都市が参入するほどでもない市場を見つけ、そこで圧倒的に勝つ必要がある。地域再生事業において必要となる市場選択で役立つ一冊。

## Q. 自分で考えてみよう

ピンホール・マーケティングに基づく地域の取り組みを考えよう。

## A. 木下はこう考える

これは完全に個人の趣味や得意分野で営業をしていくという絞り込み方なので、答えという答えはない。私であれば、全国で地域での取り組みをやっている人とのつながりが多くあるため、東京のオフィスの1Fを「マチキチ」と名づけて、みんなでセミナーを開催したり、地域で様々な仕掛けをする人の拠点として運用している。

高校時代には、パソコンが比較的得意であることから、NPO に向けた IT 導入支援セミナーの開催や、地元高齢者向けのパソコン教室などを商店街の事務所でやっていた。最初に得意分野から入り、対象を絞り込んで営業をすると、すぐに 10 人 20 人と集まってきてくれたのを覚えている。

重要なのは、自分にできることからスタートすることで、ターゲットを明確にすることである。曖昧な議論で、壮大な計画や、やるべきことから入ると、ターゲットが見えなくなっていく。小さなことでも自分の得意な分野から地域での取り組みを考えるように徹底すると、できることは山ほどある。

## 12 経営に関わる数字を見分ける

数字力

> まちに変化を起こすための取り組みを継続し、さらには事業へと進化させるためにも、数字に強くなくてはならない。特に、お金に関して一定の知識・能力をもっていなければ、経済課題を抱える地域を救うことは不可能である。

　これだけ資本主義経済で成功した日本ですが、企業経営やお金に関する基本的な教育が義務教育課程などで行われていません。そのため、地域での事業に取り組む上で、実際にお金に対してどう向き合うべきか、全くわからない人も少なくありません。知らないだけでなく、「お金は汚い」「お金の話ばかりするな」と叱責をいただくこともあります。しかしながら、地域での問題の多くは「お金」と向き合わないことで起きています。「お金ではない価値」と言いながら、多額の補助金を使った事業になっていたり、地域の活力を求めようと巨額の投資をして廃墟となる施設をつくったりしています。

　表面上は人が集まっているイベントでも、そこに掛けている費用と、地域に発生する収入との収支が合わないものもたくさんあります。

　地域での取り組みを継続的にしていくためには、基本的な金銭感覚を身につけなくてはなりません。ここでは、地域での取り組みに必要な基礎的な数字を整理したいと思います。

### ☑ 損益計算の基本

　あらゆる取り組みにおいて、損益計算をしなくてはなりません。黒

字にするための見通しを最初に決めておかなくては、営業の目標も立ちません。

　赤字になる事業は、必要な経費を積み上げがちです。あれが必要、これが必要、と費用を積み上げていくけれども、実際はその取り組みでそれだけの収入が見込めないまま実行してしまう状況です。これを避けるのは簡単で、最初に自分たちの営業で見込める売上げを決めて、次に期待する利益を決め、残った金額の範囲に経費を抑えることです。

　つまり普通だと、

**収入 − 経費 ＝ 利益**

と考えるわけですが、そうではなく、

**収入 − 利益 ＝ 経費**

と考えて、この経費をプラスにおさめることができれば黒字は達成できるのです。

　自分たちで得られる収入が10万円しかなかったら、2万円を利益にするとして、8万円でできることを考えるのです。そうすれば確実に黒字になります。私が関わっていた商店会はもともと超絶貧乏だったので、最初から収入の範囲内に経費を抑えるのが基本。企業から現物で協賛してもらう、自分たちでつくるなど様々な工夫をしていました。

　予算型の取り組みに慣れている人は、すぐに経費計算をする傾向が強いです。これほど失敗の原因となることはありませんので、やめましょう。まずは収入を固めるために営業する、これが基本です。

　変動する収入、経費がある場合、

**収入（単価 × 個数）−｛固定費＋変動費（単費 × 個数）｝＝利益**

となりますが、これも同様に、収入から利益を差し引いて、**｛固定費＋変動費（単費 × 個数）｝** 部分をどうコントロールするかを考えます。そうすると、販売数の増加に応じてどの程度経費も増えていくの

か、などがわかります。サービスが活用されればされるほど、変動費が増えていくので要注意です。

これは手計算だと追いつかないので、エクセルのような表計算ソフトで上記をもとに計算式を入れ込んで、個数を変えたらどうなるのかを見ていくと、とてもよくわかります。

このように、常に損益計算については頭に叩き込んでおくことが大切です。10万円程度の小規模プロジェクトでも、100億円単位の開発プロジェクトでも基本はすべて同じです。

そもそも黒字にできないような取り組みは、やってはいけないのです。やればやるほど損が出る。それが公共性だなんて大間違いで、センスのない人が単に公共性を謳って正当化しようとしているだけです。みんなが必要なものは、何らかの形で収支を合わせることができます。

すべてにおいて営業が大切であることは前述のとおりですが、それを踏まえて、費用を抑えるのが、損益計算のコントロールです。

## ☑ 地域で必要な会計の基礎知識

貸借対照表、損益計算表という言葉を聞いたことがあるでしょうか。この言葉の段階で拒絶反応を示してしまう方もいるかもしれませんが、それは食わず嫌いです。大して難しい話ではありません。

会計の意味は、自分たちの手元にあるお金がどのような状況にあるのかを管理することです。それを見るのが「貸借対照表」と「損益計算書」です。これらは主として、以下の要素に整理できます。

「どこからどのように資金を集め」

「何に投資して」

「どのような売上を上げて」

「どのような経費をかけ」

「どの程度利益を生み出しているか」

この要素がわかれば、プロジェクトの経営がどのように動いているのか、よくわかります。

　お金には印をつけるわけにはいきませんし、お金で買ったものについて、誰からどのように調達している資金が、何にどの程度使われているのかをちゃんと整理しておかないと、やっている本人もわからなくなってしまいます。収入と支出しかわからない「どんぶり勘定」になります。これでは効果的な事業管理は行うことができません。

　地域の活性化を考える場合、まちを一つの会社として見たてることが大切です。その際には、個別の不動産やその中のテナント、居住者、自治体など複合的なものを連結して一つの資金の流れで見る力も大切になります。これはエリアマネジメントの基礎です。

　地域全体を見据えた活性化事業に取り組む上で不可欠なものが「財務会計」です。これは個別の事業、組織としての資金管理の面でも重要です。

　細かな解説は世の中に出回っている財務会計に関する入門書などに譲るとして、簡単に貸借対照表と損益計算書について解説します。

　貸借対照表は「どのような資金を調達しているか」と「それを何に投資しているか」を整理するための表です。「どのような資金」というのは、借金か、出資かというものです。借りたお金は返さなくてはなりませんので、「負債」として取り扱って、出資をしてもらったお金は組織のお金になって返す必要はありませんから「資本」として取り扱います。

　さらに、これら負債と資本を合計したお金が「何に投資しているか」を示す「資産」です。例えば、飲食店を出す場合、調理設備に投資をすれば、それらを資産として管理します。

　その上で、損益計算書の説明に移ります。事業は、資金を投資した機材や在庫をもとに営業活動を行って、売上に変換していきます。先

の飲食店を例にすれば、調理設備を活用し、野菜などを仕入れて調理して提供します。その際に300円で仕入れた食材を1000円の定食にして提供することで売上が立つようになります。

一方で、事業においては設備以外にも水道光熱費、人件費、家賃など様々な経費がかかるため、それらを整理していきます。

こうして、売上から経費を差し引きすれば、利益がわかるようになります。

おおまかにはこのような全体像になります。難しそうに思えて、ポイントを押さえれば一気に理解が進みます。あとは細かな項目の計算の仕方、呼び方を覚えていけば、より精密な管理を行えるようになりますし、様々な企業の財務諸表を見るだけで、大体のことがわかるようになります。

## ☑ 投資回収を意識した事業計画を組み立てる

地域における取り組みでは、投資回収や、利益を上げることへの意識が極めて希薄ですが、地域に活力を与える取り組みには不可欠なことです。このように先行き不透明な時代には、できるだけ短期間で投資した金額を回収できるようにしなくてはなりません。

どの程度の資金を集めて、何に投資をするのかという判断について、数字をもとに検討することは簡単です。

**毎年の利益 / 投資金額 × 100 ＝ 投資の想定利回り**

1000万円投資して、毎年200万円利益が出れば、簡単にいえば投資に関する想定される利回りは20％になり、5年間で投資した金額を回収することができます。逆に5年以内で投資回収したいと思えば、毎年200万円の利益ができる仕組みをつくらなくてはなりません。

実際には固定資産税などを含め、細かな税制などにも考慮して計算を固める必要があり簡単にはいきませんが、これが基本の考え方です。

民間の資金が投資されない地域では、投資利回りがよかったり、確実に利回りが期待できる他の案件に資金が流れているのです。地域に新たな資金を呼び込むためには、クラウドファンディングなどの方法論以前に、「しっかり儲けの出るプロジェクトをつくる」ことが最優先事項です。だからこそ数字と向き合って、黒字にできる構造をつくり出さなくてはなりません。

　例えば、近年、地域活性化分野でリノベーションが積極的に取り組まれていますが、それは投資利回りが高いためとも言えます。既存物件活用は不動産オーナー、新規出店者双方にとって投資利回りを高めることができます。

　新たに建設費をかけて建て替えるよりも、既に投資回収が終わっているような古い建物のまま用途変更や内装工事などをしたほうが、不動産オーナーにとって投資利回りは高くなることが多くあります。家賃の一部値下げを行ったり、必要な面積だけ貸し出せるようにすれば、新規出店者にとっても投資利回りが改善します。

　地域でのリノベーション事業の多くは、3～5年間の暫定利用を基礎とした利活用であることが多いのも、投資利回りを高めつつ、事業の確実性を高められる短期回収プロジェクトに設定しているためです。

　単に補助金をもらった空き店舗活用事業では、投資利回りの視点がなくなってしまい、決められた予算に応じて改装をし、家賃も引き下げて賃貸することがあります。これでは全く意味がありません。事業効率の改善をしないままに、単に公的予算でその非効率な問題を埋め合わせているだけですから。公的予算での支援が終わったら継続できない事業がほとんどで、民間の人はまともな投資をしてくれません。

　民間から投資に値すると判断されるようなプロジェクトを一つでも多くつくり上げること。地域活性化を目指すプロジェクトを立ち上げる者は、適切な投資利回りを判断しなければならないのです。

📖 **國貞克則『決算書がスラスラわかる 財務3表一体理解法』朝日新聞出版 2007**

貸借対照表、損益計算表、キャッシュフロー計算書の3表がどのように連動して数字を把握できる仕組みか理解している人は少ない。しかし、お金を管理できる技術を知らずして、事業を見ることはできない。財務3表を理解するための基礎を整理した、入門書として最適な一冊。

## Q. 自分で考えてみよう

古くなった民家を改装し、シェアハウスとして3人が月4万円ずつ支払うことになった。投資回収を3年で終え、期待利益は90万円とするには初期投資にいくら掛けられるか考えよう。

## A. 木下はこう考える

事業については、まずは収入側と支出側に分けて考える。さらに、初期投資と運営経費を分けて考える。

まず収入については、4万円×3人＝12万円×12ヶ月＝144万が年間収入となる。3年での収入合計はこれに3を掛けて、432万円が上限となる。時おり空室になる可能性を考慮して、収入は「400万円」と考えることにしよう。これがこの施設から発生する収入上限である。

ここで重要なのは、最終的に手元に残そうとする利益を決めることである。「売上－経費＝利益」ではなく、「売上－利益＝経費」にしくては赤字事業になるだけである。

この場合は利益として90万円残すことにする。そうすれば、310万円で初期投資と運営経費を賄わなくてはならなくなる。大抵経費は後から大きくなるため、実際には250万円程度にし、60万円は予備費

としよう。

250万円からまずは、民家のオーナーに家賃を支払わなくてはならない。家賃は交渉になるが、私は常に1/3基準をもとに考えている。この場合、ざっくり80万円で交渉して、それでOKをもらったとする。残りは170万円。この170万円で初期の最低限の改装工事に関わる経費を捻出する。できないものは入居者責任でやってもらうことにして、工事前に確認する。

かなり小さな取り組みの事例を説明したが、規模が大きくなっても順序は同じである。人数が多くなり、家賃が高くなったとしても、上記のような流れを意識して常に計算をしていけば、多少の変数の増加が起こるだけで、大きな間違いはしない。

間違う時は経費から積み上げて計算したり、入居者が決まらないにも関わらず、売上の皮算用をすることである。

＊　＊　＊

本章では、まちで活動・事業推進する上で必要な「技術」について解説しました。とはいえ私もまだ未熟ですので、解説できるものは一部に過ぎません。ここでは、私が実際に用いている技術から取り上げました。

現場では根性論や経験則が重要視される傾向が強いですが、もっと体系化された知識を活用することが効果的です。紹介した技術は、先駆者たちの経験の積み重ねによるものです。皆で決めて失敗したことが沢山あるから集団浅慮の論理が整理されたり、財の管理を正確に行うために会計が生まれたわけです。これらを知れば、今の問題の多くも解けることがあります。

先人たちの礎の上に、新たな時代に対応した社会を作り上げていきましょう。

## おわりに

　本書は実は今から4年前に構想が立ち上がりました。
　発端は編集者の方から、都市計画や地域活性化のこれまでのロールモデルでは「地域でどう稼ぎを作り、飯を食っていくか」という点で、これからの若者に役立ちそうもない、という話があり、18年前の自分が漠然と持っていた疑問に対して、今の自分がどう答えるかを考え、本書を書くことにしたのです。
　地域を活性化し、さらに自分も飯を食うということは、実はシンプルです。自分の必要とする稼ぎの何倍もの価値を地域で作り出し、その中から自分の食う糧を獲ればよいわけです。とはいえ、単純なだけに難しい。私の場合は、地域活性化事業を通じて収入を得ていくまでには、活動に参加してから実に5年、事業として取り組み始めて3年ほどかかりました。
　本書をまとめる中で、18年のプロセスを今一度思い起こすことになりました。まちに関わるきっかけをくれた早稲田商店会、そしてそこから広がった全国の地域とのネットワーク。さらに、行政から民間まで幅広い方々の支えがありました。地域で起こる様々な闘いを乗り越えてこれたのは、そのような多くの方の支えがあってこそです。
　本書を読まれた方が、様々な方との出会いを通じ、地域に新たな「稼ぎ」を作り出されることを祈念しております。そして、どこかのまちで共に事業に取り組めたら、それ以上に嬉しいことはありません。
　本書を通じて、まちで出会った多くの方々、そして友人、家族の支えによって今の自分が存在しているのだと実感させられました。この場を借りてそれらの皆様へ心より感謝申し上げると共に、期待を裏切らぬように地域で「稼ぐ」事業開発に奮闘しようと決意した次第です。

　　　　　　　　　　　　　　　　　2016年3月　　木下　斉

【著 者】

**木下 斉**（きのした ひとし）

一般社団法人エリア・イノベーション・アライアンス代表理事、内閣官房地域活性化伝道師、熊本城東マネジメント株式会社代表取締役、一般社団法人公民連携事業機構理事。
早稲田大学政治経済学部政治学科卒業、一橋大学大学院商学研究科修士課程修了、経営学修士。専門は経営を軸に置いた中心市街地活性化、社会起業等。
著書『地方創生大全』『稼ぐまちが地方を変える』『まちづくり：デッドライン』『まちづくりの「経営力」養成講座』など。

---

**まちで闘う方法論**
自己成長なくして、地域再生なし

2016年5月15日　第1版第1刷発行
2017年5月10日　第1版第3刷発行

著　者　　木下　斉
発行者　　前田裕資
発行所　　株式会社 学芸出版社
　　　　　京都市下京区木津屋橋通西洞院東入
　　　　　電話 075-343-0811　〒600-8216
　　　　　http://www.gakugei-pub.jp/
　　　　　E-mail　info@gakugei-pub.jp
デザイン　minna
印　刷　　オスカーヤマト印刷
製　本　　新生製本

Ⓒ Hitoshi Kinoshita　2016　　　　　　　Printed in Japan
ISBN978-4-7615-1359-7

> **JCOPY** 〈(社)出版者著作権管理機構委託出版物〉
> 本書の無断複写（電子化を含む）は著作権法上での例外を除き禁じられています。複写される場合は、そのつど事前に、(社)出版者著作権管理機構（電話 03-3513-6969、FAX 03-3513-6979、e-mail: info@jcopy.or.jp）の許諾を得てください。
> また本書を代行業者等の第三者に依頼してスキャンやデジタル化することは、たとえ個人や家庭内での利用でも著作権法違反です。